L'ART PRATIQUE DE FORMULER

A L'USAGE DES ÉTUDIANTS

ET

DES JEUNES PRATICIENS

DU MÊME AUTEUR :

De la voie rectale et de son utilisation en thérapeutique, brochure de 70 pages, Paris, 1893.

Projet de maison de santé, brochure de 16 pages, Tunis, 1897.

De l'Assistance publique française en Tunisie, brochure de 16 pages. Tunis, 1897, Picard et Cie.

Une trachéotomie et un tubage chez des Musulmans, in *Bulletin médical,* Paris, 1898.

Le Bouton d'Orient (*Bouton tunisien*), brochure de 20 pages, Tunis 1898, Picard et Cie.

Hypnotisme et Aïssaouas, brochure, Tunis, 1898.

Deux cas de néphrite rhumatismale avec urémie convulsive, in *Bulletin médical,* août 1898, Paris.

L'Hygiène infantile, brochure in-8° de 98 pages, Tunis, 1898, Picard et Cie.

Psychologie de la femme arabe, in *Revue Tunisienne,* 1899, Tunis.

Traitement du paludisme chez l'enfant, *Bulletin Médical de l'Hôpital civil français de Tunis,* 1899.

Traitement du paludisme (en préparation),

Diagnostic des abcès du foie, brochure, Tunis, 1899.

Les indications des injections hypodermiques de quinine, in *Bulletin Médical de l'Hôpital civil français de Tunis,* 1889.

Traitement du paludisme aigu ou chronique par les injections hypodermiques de bichlorhydrate de quinine, en collaboration avec Marcel Drouillard, communication à la Société de Thérapeutique. 1900.

L'hygiène de l'escrime en été, brochure, 1900.

La psychologie de l'escrime, brochure, 1900.

L'art pratique de formuler, in-18 de 260 pages, G. Steinheil, Paris, 1900 (2° édition 1902).

De l'emploi du dermatol en gynécologie et influence du paludisme sur l'appareil génital de la femme, mémoire à la *Société Obstétricale Gynécologique de Paris.*

Le traitement de l'hépatisme paludéen et l'hydrothérapie dans la convalescence de la fièvre typhoïde, in *Bulletin Médical de l'Hôpital civil français de Tunis.*

Tunis et ses environs (chez Picard, Tunis, 1901).

L'hygiène du colon ou vade mecum de l'Européen aux colonies. G. Steinheil, 1902.

Traitement du paludisme par les injections intramusculaires de quinine, in *Bulletin de l'Hôpital civil français de Tunis,* 1902.

Pour maigrir, broch. 90 pages, chez Weber. Impr. Association ouvrière. Tunis, 1908.

Dr LEMANSKI

L'ART PRATIQUE

DE FORMULER

A L'USAGE DES ÉTUDIANTS

ET

DES JEUNES PRATICIENS

TROISIÈME ÉDITION COMPLÈTEMENT REFONDUE
et mise d'accord avec le nouveau Codex

PARIS

G. STEINHEIL, ÉDITEUR

2, RUE CASIMIR DELAVIGNE, 2

1909

PRÉFACE DE LA PREMIÈRE ÉDITION

Un des reproches les plus fréquents faits aux
médecins, jeunes ou vieux, par les pharmaciens,
c'est d'ignorer la thérapeutique et de ne pas
savoir formuler. Il semble que nos confrères
sachent seuls composer habilement une formule
sans crainte des incompatibilités funestes. Sans
renouveler des luttes inutiles, j'ai l'intention
d'insister sur cette accusation, malheureusement
fondée quelquefois, pour justifier l'éclatante
nécessité pour l'étudiant ou le jeune médecin de
connaître à fond l'art de formuler. Par leurs
études spéciales, moins transcendantes, mais
plus pratiques, les pharmaciens connaissent bien
la matière médicale. Leurs prétentions, si elles
ne sont pas modestes, sont du moins fondées
sur cette considération que les médecins actuels
se préoccupent trop peu de la thérapeutique. Il
en est même qui ne formulent que très rarement, préférant aux potions magistrales les
spécialités si commodes et qui offrent parfois
plus de garanties que les préparations sortant

des officines ordinaires. La dosimétrie a quantité de partisans, et cela diminue encore le nombre de ceux qui s'efforcent de connaître les ressources de la matière médicale et de la thérapeutique. Cependant cette dernière science ne doit pas être négligée, il est de toute nécessité que le médecin praticien sache formuler et même qu'il possède une grande richesse de formules, qu'il sache les varier au gré de l'inspiration du moment.

Aujourd'hui, il est malheureusement très fréquent de rencontrer des médecins affichant un grand scepticisme vis-à-vis de la thérapeutique : ce scepticisme me paraît un peu en contradiction avec le mouvement scientifique moderne. La thérapeutique ne vient-elle pas de faire récemment des conquêtes qui tiennent du merveilleux : guérison de la diphtérie, etc. D'ailleurs, on peut mépriser la thérapeutique, mais encore pour cela est-il bon de la connaître à fond.

Je ne peux résister au désir de donner à ce sujet l'opinion du célèbre médecin de Montpellier, le professeur Fonssagrives : « J'ai dit ailleurs, et je le maintiens, que le scepticisme thérapeutique dérive moins souvent d'une disposition native ou acquise de l'esprit, que d'un savoir imparfait, d'un travail insuffisant ou d'un jugement faible qui, ne pouvant croire à tout en médecine, en arrive d'un bond à ne plus rien croire. Oui, la médecine est bornée, il est puéril de le redire, mais les limites de son action sont aujourd'hui assez éloignées pour que l'esprit s'y sente un large champ, et, d'ailleurs, ces limites sont mobiles : chaque siècle, chaque année, presque chaque jour, les reculent. Oui, la médecine ne peut rien contre l'irréparable, elle ne prévaudra probablement jamais contre les lésions organiques, mais n'a-t-elle pas prise sur les troubles fonctionnels dont celles-ci sont l'occasion ? Ne peut-elle pas toujours prolonger la vie des malades qu'elle est impuissante à guérir, et, là où elle n'atteint pas ce résultat, n'a-t-elle pas enfin à exercer ce ministère de soulagement qui est l'un des plus usuels et des plus salutaires de ses attributs ? Guérir, faire durer, soulager, quel programme ! et il est celui de tout homme que la médecine place en face de la vie humaine, avec la mission de la défendre. S'il est au-dessous de sa tâche, qu'il n'accuse ni la faillibilité, ni l'insuffisance de la médecine, mais bien sa propre insuffisance. Les ressources existant, il faut les connaître ; l'arsenal de pharmacologie et d'hygiène, dans lequel la thérapeutique va chercher des moyens d'action, est bien muni ; il faut surtout connaître les armes qu'il renferme pour chaque genre de lutte, et aller les prendre là où elles sont. »

Au point de vue de la philosophie de la médecine, Fonssagrives dit en excellents termes qu'on y réussira d'autant mieux qu'on aura plus approfondi son étude et surtout qu'on aura plus appris à l'aimer. Une considération plus terre à terre doit aussi nous engager à bien connaître l'art difficile de formuler. Personne n'ignore que, dès son début dans la clientèle, le médecin a un terrible juge : le pharmacien. Les ordonnances lui passent entre les mains : il base son opinion sur votre façon de rédiger une prescription. Cette opinion, il la fera partager au public. Elle prévaudra vite de préférence à toute autre. Le diagnostic, cette qualité dont nous sommes si jaloux, cette perfection de l'investigation médicale à laquelle tendent tous nos efforts et à laquelle aussi nous accordons tous nos soins, ne constitue jamais pour le praticien la raison et la cause de sa réputation. L'incompétence notoire du public en médecine rend le charlatanisme facile, comme il explique les engouements bizarres pour certaines personnalités médicales. On dirait que le malade vous jauge à la longueur de l'ordonnance : plus c'est long, plus ce doit être savant ! Et le pharmacien, heureux de l'aubaine, pousse encore à cette conviction. Peut-être tiendra-t-on compte dans l'entourage du malade de la sûreté de votre pronostic : quiconque a exercé la médecine connaît l'importance de l'attitude du médecin au chevet du malade : est-ce grave, combien de jours cela durera-t-il, les médicaments agiront-ils vite ? Telles les questions se pressent autour de vous.

Quant à la guérison, pour tous, excepté peut-être pour vous, elle dépendra des médicaments choisis, des doses prescrites et de la façon dont les drogues sont présentées. Le corollaire de la visite du médecin, c'est la station chez le pharmacien. Cet homme, sans être méchant, analysera, discutera, approuvera ou repoussera votre médication. Grande sera votre fortune si vous avez le bonheur de plaire à votre confrère le pharmacien, mais malheur à vous si votre formule n'est pas irréprochable ! Et cette sévérité du pharmacien, loin de vous nuire, sera votre providence : elle vous fera redouter le ridicule de l'erreur.

D'ailleurs, vous concevez les conséquences d'une faute, même légère, dans la rédaction d'une ordonnance : si elle échappe à la vigilance du pharmacien, c'est peut-être la mort pour le malade. Donc, il semble inutile d'insister sur les dangers d'une erreur de dose ou de médicaments ; un manque d'instruction amène une mauvaise construction de la formule, ou un défectueux assemblage d'agents médicamenteux, ou un antagonisme et une incompatibilité qui démontreraient trop clairement l'ignorance du médecin. L'homme qui prend la responsabilité de la vie de son semblable n'a pas le droit d'ignorer les règles essentielles de son art. Avant tout il lui faut connaître les ressources de tout son arsenal de médicaments ; surtout il doit posséder à fond l'art de les employer, de les prescrire, de les doser, de les réunir dans une formule précise, claire, nette, efficace et offrant toute garantie de sécurité pour le malade. *Primo non nocere* est l'adage que tout thérapeute respectera et observera comme un commandement saint, disent la plupart des auteurs avec très juste raison.

Voilà la réalité, et je parle surtout pour les médecins des petites villes où le pharmacien, plus en contact avec la clientèle, la dirige plus aisément. Qui n'a pas eu à combattre les appréhensions d'un malade éveillées par des commentaires malveillants ? Quelles jalousies se sont dressées pour vous desservir ! Dans les campagnes, par exemple, vous ne l'ignorez pas, les médecins luttent généralement avec la plus constante énergie contre les préjugés rencontrés à chaque instant, et contre cette force d'inertie opposée par les paysans à toutes les nouveautés, leur semblant peu conformes à leurs idées et à leurs théories médicales : il faut se concilier la sympathie du pharmacien par une ordonnance de bonne tenue.

La connaissance approfondie de la thérapeutique s'impose, je le redis encore. L'étude de cette science indispensable est seule capable, de toute évidence, de donner au médecin toutes les qualités nécessaires pour bien formuler. Mais, malheureusement, dans les traités didactiques où sont analysées l'action des médicaments et leurs indications, on est généralement peu prodigue de développements sur l'*Art de formuler* ; quelques esquisses incomplètes données sous

forme de conseils trop concis ne suffisent pas
pour les besoins de la médecine de chaque jour
au lit du malade, pour les exigences de la vraie
thérapeutique du praticien.

 - Tous les médecins à leurs débuts ont éprouvé
ces redoutables difficultés qui surgissent dans
la clientèle au moment où, le diagnostic définitivement posé, on s'asseoit à une table, devant
une feuille de papier blanc, pour y inscrire une
prescription. Le sentiment de la responsabilité
encourue ajoute encore à votre trouble et
augmente bien davantage la gêne du jeune médecin : il perd tout son sang-froid, ne sait plus
à quel médicament s'arrêter, oublie les doses,
ne connaît plus le véhicule approprié, ni la solubilité, et enfin est pris de la peur terrible des
incompatibilités. La figure gouailleuse du pharmacien, qui se moquera de cette ordonnance
mal faite, apparait à l'esprit de notre malheu-
reux confrère condamné à l'ordonnance forcée.
Pour un peu, il déclarerait au malade que tous
les médicaments sont des drogues néfastes, dont
l'effet lui sera certainement nuisible, et qu'il
doit enfin s'abstenir de toute médication. Mais
le pharmacien ne serait pas satisfait du jeune
docteur : il le jugerait sot et ignorant et ne lui

enverrait dans la suite aucun client. Aussi, avec un suprême effort, le médecin débutant se raidit dans toute son énergie : il recueille soigneusement tous ses souvenirs, et écrit une formule, apprise par cœur récemment dans un formulaire.

Détestable méthode et funeste pratique ! La mémoire peut vous trahir et vous vous habituerez aux mêmes formules sans jamais ni les varier, ni les modifier. Votre juge redouté, le pharmacien, ne s'y trompera pas, lui qui possède dans sa bibliothèque le même formulaire que vous. La critique est facile : il dira de vous très haut, parce que débutant, ce qu'il pense tout bas des autres médecins : que vous oubliez même les rudiments de votre métier. Et cette appréciation vous desservira auprès du public, qui oubliera, en perdant confiance en vous, le chemin de votre porte. Combien de déboires de clientèle n'ont pas d'autres origines !

Est-il donc si coupable le jeune médecin qui de gaîté de cœur se place dans une situation si critique : il lui faut un don remarquable d'ignorance et sans doute ses études ont été fort incomplètes. Tous les médecins savent cependant qu'il est difficile, pour ne pas dire impossible, à leur jeune confrère de se trouver dans des conditions meilleures. Cette thérapeutique si utile au praticien, cet art indispensable de formuler, où les aurait-il donc appris ?

Étudiant, les hôpitaux ne lui ont donné aucune idée de l'ordonnance. La préoccupation de l'art pour l'art semble seule tenir en éveil l'esprit de nos plus grands maîtres. L'unique diagnostic est posé au lit du malade, et dans sa discussion parfois transcendante brillent à l'envi maître et élèves. Les internes les plus distingués sont souvent embarrassés pour écrire une ordonnance.

« Ce qui m'a toujours frappé, dit M. Dujardin-Beaumetz, lorsque j'interroge les élèves de mon service, même ceux qui sont très avancés en médecine et qui possèdent des connaissances suffisamment étendues sur la clinique et la pathologie internes, c'est leur ignorance presque absolue non seulement de la manière de formuler les prescriptions, mais encore des médicaments les plus usuels ; de telle sorte que ces jeunes gens entreront dans la pratique médicale et prescriront des substances dont ils ne connaîtront ni les éléments, ni la préparation. Je crains bien qu'une fois aux prises avec la clientèle leurs connaissances ne s'augmentent pas sur ce point, et j'en ai pour preuve, malheureusement, les progrès toujours croissants de la spécialité. » (Dujardin-Beaumetz. *Art de formuler*, 1898).

Cependant, depuis quelques années, la réaction contre cette indifférence en matière de thérapeutique semble se dessiner très nettement : je me plais à reconnaître que je dois d'avoir étudié la thérapeutique aux instances de certains professeurs distingués et bien avisés qui, dans leur enseignement très élevé, à côté du scepticisme, nous conseillaient la nécessité de la connaissance approfondie de la science du médicament si dédaignée ! Certes, les plus brillants et les plus célèbres professeurs assurent cet enseignement dans les milieux universitaires, mais un cours de quelques mois suffit-il pour tout voir et tout approfondir ? Existe-t-il des chaires de clinique thérapeutique pratique ? Au lit du malade apprend-on à l'élève son métier de médecin guérisseur ?

Si l'hôpital ne forme pas de médecins rompus aux difficultés de l'art de formuler, je ne crois pas que les livres présentent de plus sérieux avantages. Aussi dérouté et dégoûté, l'étudiant va-t-il se confier aux imparfaits mémentos et

manuels pour passer de médiocres examens.
Quand, pourvu de son diplôme, il s'installera,
pour parer aux premières éventualités, il apprendra par cœur des pages entières de formulaires.
Les traités et les monographies compactes, rem-
plis de mérite, à la vérité, font connaître l'art
de guérir dans ses plus délicates finesses et la
thérapeutique possède aussi une littérature où
abondent les ouvrages de valeur et les noms
illustres. Des formulaires où la variété des renseignements et le nombre des matériaux assem-
blés constituent une précieuse ressource pour
quiconque veut enrichir sa mémoire ont été
publiés par des médecins dont le nom est une
garantie et une assurance de mérite et de succès.
Mais les livres plus humbles manquent totale-
ment. Les difficultés plus terre à terre rencon-
trées journellement dans la pratique, les mille
détails du répertoire pharmaceutique, sont trop
souvent ignorés. Les formulaires ne donnent
que des formules toutes faites : apprennent-ils
à décomposer une prescription dans ses éléments
primordiaux, à analyser son architecture, à
saisir les formes et les auxiliaires du médicament actif ? Montrent-ils, en somme, l'art de
composer une formule, de la varier à l'infini en

lui donnant le cachet de sa pratique personnelle ? Assurément non.

Une vraie lacune existe donc aussi bien dans
la littérature médicale que dans l'enseignement
clinique hospitalier. Aussi, ai-je eu la prétention
très modeste de réunir dans un livre très simple
quelques données générales sur l'art de composer une formule, quand l'indication thérapeutique a été posée et le choix du médicament à
employer définitivement fait, et afin d'exposer
les diverses préparations pharmaceutiques avec
leurs éléments propres. C'est un essai très élémentaire que je tente : je m'adresserai surtout à
ceux qui ne savent que peu de chose encore et
qui ont tout à apprendre. Je referai, en somme,
pour les autres, pour les étudiants et les débutants, ce que tous les médecins ont fait seuls et
lentement parce qu'ils manquaient de guide et
de conseils. Cet ouvrage pourra, je pense, être
consulté avec fruit ; on y trouvera réunis et
groupés des renseignements épars dans les
livres et difficiles à assembler ; ainsi condensés,
ils seront facilement assimilables et avec un peu
de persévérance, au sortir de cette lecture, on
saura, je l'espère, *faire une ordonnance*.

PRÉFACE DE LA TROISIÈME ÉDITION

Ce petit livre continue à faire son chemin dans le monde médical. J'ai relu soigneusement mon texte et l'ai condensé encore davantage pour en rendre la lecture plus facile et plus rapide.

Cette troisième édition reste un livre modeste et sans prétention.

Je disais dans la préface de la première édition que le praticien devait avoir souci, en formulant, de ne pas prêter à rire au pharmacien chargé de préparer l'ordonnance. D'accord avec mon éditeur, j'ai tenu à éviter pour ce livre l'écueil que je signalais au débutant. Il m'a paru d'autant plus indiqué d'avoir recours à l'expérience d'un pharmacien compétent pour contrôler les formules que j'offre comme type que l'apparition toute récente du nouveau *Codex medicamentarius* (septembre 1908) complique beaucoup la question.

M. Moreau, très distingué praticien de l'art pharmaceutique, a bien voulu relire toutes nos épreuves et nous signaler les points qu'il convenait de mettre d'accord avec la nouvelle réglementation. Qu'il veuille bien agréer l'assurance de notre sincère gratitude pour son aimable intervention.

CHAPITRE PREMIER

La valeur morale de l'ordonnance.

SOMMAIRE. — Savoir faire naître la confiance. — La chose dite et la chose écrite. — L'art d'écouter son malade. — La rédaction de l'ordonnance. — L'autorité du médecin. — Ne ménagez pas les explications. — Soyez convaincu vous-même. — La prescription est un tout auquel il ne faut pas toucher. — Montrez-vous instruit et consciencieux.

Ce volume a pour but d'apprendre aux étudiants et aux jeunes médecins, en thérapeutique pratique, la façon d'instituer un traitement au lit du malade. Mais, dans la clientèle privée, il ne suffit pas de réunir les éléments d'une cure plus ou moins prolongée et plus ou moins rapidement efficace, il faut encore faire naître la confiance dans l'esprit de votre malade, il est indispensable de le convaincre de la nécessité absolue de suivre rigoureusement le traitement que vous lui indiquez.

La valeur médicale, scientifique de votre ordonnance, est intrinsèque, elle est fonction de l'action réelle des substances employées, c'est une valeur matérielle, physique, si on veut, qui ne s'impose pas *à priori* au client, lequel ignore l'action des médicaments et leurs propriétés. La valeur morale de l'ordonnance ressortira, pour le client, de vos promesses, de vos explications, des commentaires que vous ajouterez à *la chose écrite*. Elle aura d'autant plus d'ampleur que votre situation et votre autorité seront plus grandes et aussi que vous aurez montré, dans le cas particulier, plus de talent, de conviction.

Vous recevez un client dans votre cabinet. Il vient vous consulter et, détaillant sa douleur, il vous explique ce qu'il ressent. Vous le laissez parler, vous l'écoutez patiemment. Si les choses traînent trop en longueur, si le malade s'égare, reprenez la direction de l'interrogatoire, procédez à son examen méthodique, posez lui des questions précises. Ceci terminé, vous pratiquez l'examen minutieux de votre client. Et une fois le diagnostic posé, vous vous asseyez dans votre fauteuil pour rédiger l'ordonnance. Le malade cesse de parler, ou du moins vous réclamez de lui le silence pour écrire en toute tranquillité, sans trouble, sans distraction, votre prescription : vous avez besoin, en ce moment, de toute votre attention, de toutes vos facultés.

Enfin, l'ordonnance est faite.

Vous allez à haute voix, lentement, posément, en insistant sur les détails, en revenant avec complaisance, sans perdre patience, sur les parties qui paraîtraient imparfaitement comprises, ou mal interprétées, lire votre ordonnance.

Si vous avez *toute* la confiance de votre malade, il acceptera sans discussion, sans examen, *sans résistance*, le traitement prescrit. Outre sa puissance médicale intrinsèque, *votre ordonnance a une grande valeur morale* : votre client s'y conformera scrupuleusement avec toutes chances de guérison, si (ce dont il ne faut pas douter) votre diagnostic a été bon et votre thérapeutique opportune et judicieuse.

Mais cette heureuse terminaison d'une consultation ou d'une visite, est presque l'exception. Le malade ou l'entourage n'acceptent pas toujours aveuglément et sans discussions, longues et pénibles parfois, vos prescriptions les mieux indiquées, les plus sainement établies.

Pour donner à votre ordonnance *toute sa valeur morale*, toutes vos qualités scientifiques et psychiques doivent être mises en jeu. Vous devez conquérir la confiance pour obtenir toute l'autorité nécessaire, sans laquelle il n'est pas de médecine possible.

Ne soyez pas avare d'explications, comme je le disais plus haut : avec votre savoir, vos connaissances, votre compétence, toute votre science, analysez votre ordonnance, développez toute votre pensée, dites l'effet thérapeutique recherché et celui qui pourra être obtenu, efforcez-vous, sinon de guérir toujours, de soulager bien souvent. La chaleur de votre conviction entraînera celle de votre malade : il faut être éloquent avec la simplicité du cœur et d'un esprit net et ferme, toujours avec bon sens, sans trop s'embarrasser du pédantisme des mots techniques, qu'il faudra d'ailleurs souvent définir.

Faites comprendre que votre traitement est adéquat à la maladie diagnostiquée soigneusement : elle est surtout *un tout* dont il ne faut rien enlever ni rien retrancher et qui n'aura d'efficacité que si elle est suivie dans toutes les conditions requises et exigées par vous.

Voilà la vraie *valeur morale de l'ordonnance.*

Si, au début de votre clientèle, encore peu rompu aux difficultés de la pratique de notre art difficile, vous vous trouvez en butte à bien des résistances, ne croyez pas que vos aînés soient libérés de ces luttes pénibles. Certes, les grands et célèbres médecins, placés aux sommets de la hiérarchie médicale, en imposent par leur notoriété : et la gloire autant que la renommée éblouissent à la façon du miroir brillant de l'hynoptiseur. Eux aussi, parfois, malgré tout, doivent encore payer de leur personne. Dans les rangs moyens des phalanges de praticiens plus modestes, il faut presque toujours savoir convaincre.

Sans être médicastres à outrance, ne soyez jamais des sceptiques de la thérapeutique : votre doute ou votre ignorance seraient de mauvaises armes pour convaincre les autres et acquérir la confiance.

Le seul médecin instruit, consciencieux, attentif, probe, honnête homme, convaincu, désireux de bien faire et compatissant à la douleur, peut donner à une *ordonnance toute sa valeur morale.*

Le savoir faire, l'habileté, le tact, l'adresse ne suffiraient pas : il faut des études, des qualités, mieux établies et plus solides, plus morales et plus philosophiques.

CHAPITRE II

De quoi se compose une formule.

SOMMAIRE. — La substance active. — L'adjuvant. — Le véhicule. — Se préoccuper de la solubilité. — Le correctif. — Le mode d'emploi. — Eviter les incompatibilités. — Du choix des adjuvants. — La variété du véhicule. — Triple moyen pour concourir au même but.

L'ensemble des substances qui concourent à former une préparation magistrale quelle qu'elle soit (potion, pilules, cachets, liniment, gargarisme), l'indication de la dose de chacune d'elle, constituent ce qu'on est convenu d'appeler une formule. Une ordonnance se compose d'une ou de plusieurs formules avec le mode d'administration. L'art de formuler indique des règles qui doivent présider à la rédaction des prescriptions médicales. Cet ensemble de mesures s'applique surtout aux formules dites magistrales, c'est-à-dire celles que le médecin indique lui-même et qu'il peut varier à son gré et suivant l'opportunité des besoins,

Les éléments dont la réunion prend le nom de formule se décomposent de la façon suivante :

1° Le choix de la substance active (posologie et indication thérapeutique) ;

2° L'adjuvant (association, incompatibilité) ;

3° Le véhicule (solubilité) ;
4° Le correctif (sirop, essence, etc.).

1° *La substance active.* — La substance active, quelle qu'en soit l'origine, végétale ou inorganique, est toujours l'agent thérapeutique, par l'action duquel on cherche à remplir les indications fournies par le diagnostic : dans un cas donné elle ne peut être remplacée que par un corps possédant à peu près la même action, par un succédané :

Exemple :

Opium remplacé par *jusquiame, chanvre indien.*
Bromure — *antipyrine, sulfonal, trional.*
Quinine — *bleu de méthylène, acide salicylique.*

Le médecin doit donner tous ses soins à la mention de la substance active, qui est généralement un poison qu'il faut savoir manier avec prudence. On écrit la dose en chiffres arabes quand il s'agit de grammes ou fraction de gramme, en chiffres romains ou mieux encore en toutes lettres, quand il s'agit de gouttes.

Exemple :

℞ Bromure de potassium.......... 4 gram.
 Extrait d'opium................. 0 gr. 05 cent.
 Alcoolature de racines d'aconit.. XXX *ou mieux* trente gouttes.
 Sirop de codéine................ 30 gram.
 Sirop de tolu................... 150 —
 Eau de tilleul.................. 100 —

F s. a.

Dans cette préparation destinée, je suppose, à calmer une toux nerveuse, on a choisi plusieurs substances actives. La substance principale qui doit généralement être inscrite en tête de la formule est le bromure de potassium : l'adjuvant, l'aconit ou l'opium, dont les effets se joindront à ceux du bromure de potassium, c'est ce qui constitue une association médicamenteuse ; le véhicule, l'eau de tilleul ; véhicule et correctif du goût désagréable du bromure, les sirops ; ces sirops n'ont pas été choisis à la légère et indifféremment, ils sont calmants et pectoraux.

Substance active.	*a*) Bromure de potassium............	Association médicamenteuse.
Adjuvants......	*b*) Opium.	
	c) Aconit.	
Correctif........	*d*) Sirop codéine.	Adjuvants secondaires.
	e) — tolu.	
Véhicule...	*f*) Eau de tilleul.	

L'adjuvant est donc constitué par la ou les substances dont on veut joindre les effets à ceux de l'agent médicamenteux principal. On peut réunir ainsi différents médicaments pour que leur puissance d'action soit modifiée ou augmentée. L'association des médicaments a également pour but de rendre leur intervention plus complexe et de remplir un rôle qu'un seul d'entre eux ne pourrait pas tenir. La connaissance exacte des propriétés des médicaments et de leurs indications thérapeutiques très nettes apprendra à varier considérablement l'association des médicaments. Il est bon, dans la rédaction des formules, de ne pas abuser de ce moyen d'action.

Dujardin-Beaumetz considère plusieurs sortes d'association de médicaments suivant le but qu'on se propose :

1° Augmentation de l'énergie :

    Potion :

℞ Extrait mou de quinquina............... 5 gram.
  Décocté de quinquina.................. 150
  Sirop de quinquina................... 50

Ces trois préparations, à base de quinquina, ajoutent l'une à l'autre, l'action de leur base, le quinquina.

Même réflexion pour les cachets suivants :

Poudre de quinquina.................⎱ ââ 0 gr. 25
  —   de kola......... ....⎰
Bromhydrate de quinine............... 0 gr. 50

La kola, le quinquina, la quinine, sont des reconstituants et des antipaludéens.

2° Diminution ou suppression d'une action irritante :

    Pilules :

℞ Extrait de belladone.................... 0 gr. 02
  Poudre de rhubarbe ....⎱
  —   de scammonée...........⎰ ââ 0 gr. 05
  Calomel ....⎰

La belladone calme les coliques occasionnées par les trois substances purgatives.

3° Correction de l'effet secondaire d'un médicament.

Exemples :

Cachets :

℞ Magnésie............................... 0 gr. 10
Protoxalate de fer....................... 0 gr. 15

N. B. — La magnésie corrigera la constipation secondaire des préparations ferrugineuses :

Poudre :

℞ Poudre de rhubarbe.
Fer réduit.

N. B. — Même rôle dévolu à la rhubarbe.

Solution hypodermique :

℞ Sulfate de morphine............. .... 0 gr. 10
Sulfate neutre d'atropine. .... 0 gr. 01
Eau de laurier-cerise .... 10 gr.

N. B. — Atropine évitant l'effet émétique de la morphine.

4° Obtention simultanée de plusieurs effets :

Exemple :

Médication éméto-cathartique (purgative et vomitive) :

Paquets :

℞ Sulfate de soude...................... 25 gr.
Émétique.............................. 0 gr.05
Essence de citron....... ... . II gtes

Solution :

℞ Sulfate de soude..................... . 25 gr.
Émétique .... 0 gr. 05
Essence de citron....................... II gtes
Eau................................... 1/2 lit.

5° Obtention d'un effet qui ne pourrait être obtenu par aucune des substances prises isolément.

Potion :

℞ Poudre d'ipéca........................ 3 gr.
  Eau bouillante........................ 120
  Sirop de menthe...................... 30
  Extrait d'opium. .... 0 gr. 05

Cachets :

℞ Extrait d'opium........................ 0 gr. 10
  Poudre de Dower............ 2
  Sulfate de quinine..................... 3
  En 6 cachets.

N. B. — L'opium corrige l'effet vomitif de l'ipéca. L'ipéca et l'opium constituent, empiriquement, la médication antidysentérique de Delioux de Savignac.

La poudre de Dower, l'opium et la quinine concourent dans les bronchites à faciliter l'expectoration et abaissent la fièvre sans cependant provoquer d'action vomitive.

En dehors de la fantaisie, la nécessité réclame souvent l'usage de tel ou tel adjuvant ou de telle ou telle association : on le voit par les exemples ci-dessus sans qu'il soit besoin de trop insister.

Pour la substance active, de même que pour le choix judicieux de l'adjuvant et des associations, des connaissances exactes de la posologie de chaque substance sont absolument indispensables. Ces notions, on les acquerra à la longue ; je conseille aux débutants de bien connaître d'abord les doses d'une dizaine de médicaments les plus importants et de n'user au début que de ceux-là, en ayant soin d'augmenter chaque jour leur bagage posologique.

Voici un tableau sommaire qui aidera dans cette tâche.

SUBSTANCES	DOSES	ACTION	MODES D'ADMINISTRATION	MAXIMUM PRO DIE
Quinine...	1 à 3 gr.	antifébrile tonique	Cachets. Inj. intra-fessières	3 gr.
Opium.... (Extrait).	0ᵍ01 à 0ᵍ15	calmant hypnotique antispasmodique antidiarrhéique	Pilules, potion.	0ᵍ20
Ipéca......	0ᵍ25 à 0ᵍ50	vomitif antidysentérique expectorant	Pilules, cachets, potion.	1ᵍ50 à 2ᵍ
Caféine. ..	0 gr. à 0ᵍ5	tonique du cœur	Cachets, injection hypodermique.	2 gr.
Digitale.... (Poudre).	0ᵍ50 à 0ᵍ80 (en infusion)	tonique du cœur et diurétique	Potion, pilules.	1 gr.
Chloral ...	1 à 4 gr.	hypnotique	Potion ou cachets avec une substance inerte (amidon ou lycopode).	6 à 8 gr.
Bromures..	4 à 6 gr.	antinerveux antispasmodique	Solution.	12 gr.
Antipyrine.	2 à 4 gr.	analgésique et antithermique	Potion, injection hypodermique, cachets.	8 gr.
Calomel ...	0ᵍ50 à 1 gr.	purgatif cholagogue antiseptique	Cachets.	1 gr.
Ergotine...	0ᵍ5 à 1 gr.	vaso-constricteur	Injection hypodermique, potion, dragées.	4 gr.

Dans un moment d'embarras le praticien, trahi par sa mémoire, peut avoir recours à son formulaire : il ne doit jamais prescrire un médicament dont la posologie ne lui soit absolument familière.

****

Le choix, une fois fait de la substance, de ou des adjuvants, de ou des substances secondaires associées à l'agent thérapeutique principal, il faut songer à la façon dont on administrera le médicament. Choisira-t-on la potion, la pilule, le cachet, la capsule, le suppositoire ? Usera-t-on de la voie hypodermique ? Nous nous réservons de traiter cette question avec tous les détails qu'elle comporte dans un des chapitres suivants.

Pour le moment supposons la question résolue ; admettons que l'indication thérapeutique nous a engagé à nous servir de la potion.

S'il s'agit d'administrer une substance active soluble dans l'eau, il faut se préoccuper du véhicule : on choisira de préférence un de ces nombreux hydrolats (eaux distillées de plantes médicinales), qui sont à la fois des correctifs de l'amertume ou de l'odeur désagréable de la substance active et qui, en même temps, se joignent à elle par leur modeste action thérapeutique, à la façon des tisanes. De même vous pourrez jeter **votre** dévolu sur un sirop, également adjuvant de l'action principale.

Exemple :

Hydrate de chloral (substance soluble, mais de goût désagréable).

Sirop de morphine (correctif, comme sirop ; adjuvant comme
hypnotique).

Eau distillée de tilleul............ $\left.\begin{array}{l}\text{(véhicules et joignant} \\ \text{leur effet sédatif à} \\ \text{celui du chloral).}\end{array}\right.$
—   —   fleur d'oranger...

Sirop d'orgeat (pour masquer le mauvais goût du chloral).

Vous formulerez :

℞ Hydrate de chloral.....................   4 gr.

Sirop de morphine....................} ââ 40 gr.
    —   d'orgeat ....}

Eau de fleur d'oranger...............} ââ 50 gr.
    —   tilleul........................}

Ainsi à l'action calmante et hypnotique de l'hydrate
de chloral, la substance principale, j'ajoute la puissance, moins active, du sirop de morphine ; l'eau de
fleur d'oranger, l'eau de tilleul donnent un bon goût
à la préparation, elles sont également calmantes,
hypnotiques légèrement, sédatives. Le sirop d'orgeat
n'a aucune action thérapeutique spéciale : il mas-
quera, autant que faire se peut, le goût désagréable
du chloral.

La même potion que nous avons prise précédemment pour exemple peut être modifiée à l'infini,
sans changer la substance active, c'est-à-dire l'hydrate
de chloral, qui constitue le médicament de choix, je
suppose, pour remplir l'indication thérapeutique.

Le tableau suivant fera comprendre ma pensée :

Substance active fixe : hydrate de chloral ;

Correctif, adjuvant : sirop de morphine *ou* {
    Sirop codéine ;
    —   thébaïque ;
    —   belladone ;
    —   aconit ;
    —   chloral.

Véhicule : eau de fleur d'oranger ou tilleul.......................... *ou* {
    Eau de laitue ;
    —   camomille ;
    —   mauves ;
    —   guimauve ;
    —   pavots ;
    —   violettes.

Correctif : sirop d'orgeat........... *ou* {
    Sirop de groseilles ;
    —   citron ;
    —   menthe ;
    —   cerises ;
    —   limons.

Il est aisé de saisir l'architecture de cette formule et les nombreux changements qu'on peut lui faire subir systématiquement sans se départir d'une règle fixe : *concourir à un même but déterminé*, augmenter la puissance du médicament principal, en masquer le mauvais goût, l'approprier aux exigences du malade et à sa susceptibilité particulière.

*
* *

L'indication thérapeutique mettant le médecin dans l'obligation de prescrire un tonique énergique, le médicament qui m'est venu le premier à l'esprit se trouve être l'extrait de quinquina, puis se sont groupés autour de cette substance : l'acétate d'ammoniaque, la caféine, l'extrait de kola, la teinture de quinquina et autres teintures analogues, le glycéro-phosphate de chaux, de fer, de magnésie, l'arséniate de soude, etc., etc...

Dans une première hypothèse j'ai choisi l'extrait de quinquina et l'acétate d'ammoniaque et j'ai formulé ma prescription de la façon suivante :

Potion tonique :

℞ Extrait de quinquina....................	4	gram.
Acétate d'ammoniaque..................	6	—
Teinture de cannelle................	10	—
Alcoolat de mélisse.	15	—
Lunel....................................	150	—
Sirop de citrons......................	50	—
Eau.....................................	50	—

F. s. a.

•Nous allons décomposer cette formule en ses divers éléments pour les analyser soigneusement :

Substances actives.	{ Extrait de quinquina.. } { Acétate d'ammoniaque. }	Association médicamenteuse.
Correctifs, adjuvants.	Teinture de cannelle ..	Tonique, adjuvant, cachera le goût amer de l'extrait de quinquina
	Alcoolat de mélisse ...	Aidera à la solubilité de l'extrait de quinquina grâce à son alcool.
Véhicules.	Lunel	Véhicule tonique, agréable au goût.
	Sirop de citrons	Pour adoucir le vin.
	Eau..................	Pour l'étendre.

Dans le tableau suivant nous indiquerons les modifications que pourra subir cette formule :

Extrait de quinquina	*ou*	Extrait de kola, extrait de coca.
Acétate d'ammoniaque		Caféine........................
		Glycérophosphates..............
		Arsénicaux, etc., etc..........

Teinture de cannelle	Alcoolat de menthe.
Alcoolat de mélisse.	Chartreuse, rhum.
	Anisette, etc., etc.

Lunel.....................	Madère, Banyuls, Grenache.
	Malaga, vin de quinquina.
	Infusé de thé au rhum, infusé de café au cognac.

| Sirop de citrons........... | Sirop simple, sirop de punch, sirop d'oranges, sirop de quinquina, etc., etc. |

| Eau.................... | A supprimer ou à remplacer par eau de cannelle, eau de menthe, eau de citrons, etc. |

Voici quelques formules où se trouvent appliqués ces changements.

℞ Extrait de quinquina................ 5 gram.
  Caféine............................ 2 —
  Chartreuse......................... 30 —
  Infusé de café..................... 150 —
  Sirop simple....................... 50 —

℞ Extrait de quinquina................ 4 gram.
  Teinture de cannelle............... 10 —
  Alcoolat de menthe................. 8 —
  Infusion de thé noir............... 200 —
  Sirop simple....................... 30 —
  Rhum............................... 50 —

℞ Extrait de quinquina................ .. 6 gram.
  Glycérophosphate de chaux. .... 4 —
  Teinture de kola..................... 10 —
  Arséniate de soude. 0 10
  Eau........................ .... 300 —

℞ Extrait de quinquina. .... 4 gram.
  Vin de Bordeaux..................... 300 —
  Cannelle en poudre..... .... 15 —
  Citron n° 1 coupé en tranches.
  Sucre en poudre................ .... 30 —

En résumé, la substance active, l'adjuvant, le correctif, le véhicule, peuvent et doivent réunir leurs effets pour constituer, je le répète encore, un triple moyen pour arriver au même but, précisé par l'indication, puisque leurs propriétés, quoique différentes d'intensité, sont les mêmes et se renforceront dans cette union qui constituera *la potion.*

Dans chaque classe de médicaments on trouve des substances de choix dont l'action, sûre et rapide, est aujourd'hui bien déterminée par les recherches physiologiques et thérapeutiques ; ces substances doivent fixer l'attention du médecin, en premier lieu, à l'exclusion de tous autres agents, à moins que certaines considérations (susceptibilités, intolérances personnelles) ne fassent préférer un succédané. Ainsi, à côté des bromures antispasmodiques d'élection, vous avez encore à votre disposition toute une série de corps, d'origine métallique ou végétale, plus modestes figurants dans les formules, mais constituant cependant les bases d'une intervention scientifique.

2

C'est pour apprendre aux débutants et aux jeunes praticiens à varier suivant l'occurrence leurs formules, que dans un chapitre spécial nous leur enseignerons les moyens de modifier leur intervention thérapeutique en ne perdant pas de vue une indication donnée.

La substance active, l'adjuvant, le correctif, le véhicule pour se rencontrer en parfaite harmonie dans une formule doivent réaliser certaines conditions indispensables. Les deux premiers réuniront, naturellement, leurs effets et ne présenteront pas d'incompatibilité thérapeutique.

> Opium et caféine, ou café ;
> Strychnine, bromures et iodures ;
> Chloral et nitrite d'amyle ;
> Éther et morphine (en injections sous-cutanées).

Ces incompatibilités thérapeutiques, qui sont plutôt des oppositions manifestes d'intervention, seront facilement évitées dès qu'on connaîtra, même sommairement, le mode d'action de chaque médicament. Nous étudierons d'ailleurs, avec tous les détails nécessaires, dans un chapitre suivant, les différentes formes d'incompatibilité thérapeutique ou chimique, l'antagonisme et l'antidotisme. Bornons-nous à signaler pour le moment le danger de l'incompatibilité chimique qui réside dans les réactions éventuelles de certains corps : le moins qui pourra résulter de cette action réciproque, c'est la naissance d'un corps insoluble qui ne sera pas assimilable ; le plus dangereux, c'est la production d'une nouvelle substance toxique.

Exemple :

1° Calomel et acide cyan-hydrique....................	donnent lieu à la formation d'un cyanure mercurique extrêmement toxique ....
2° Calomel et iodure de potassium................	déterminent la formation d'un iodure de mercure toxique et caustique.
3° Chlorate de potasse, glycérine, perchlorure de fer.....................	produisant un mélange détonant.
4° Acide nitrique et glycérine....................	produisant un mélange détonant.
5° Tannin et sel de mercure.	donnent lieu à un tannate de mercure complètement insoluble.
6° Calomel et chlorure de sodium.................	par dédoublement pourraient produire du bichlorure de mercure (sublimé) très toxique. (*Théorie controversée*).
7° Narcotiques et purgatifs....................	les narcotiques contrarient les effets des purgatifs.

CHAPITRE III

Classification des médicaments pour apprendre à formuler.

Sommaire. — Classification des médicaments suivant l'action dominante. Classification de Berlioz, d'après l'action physiologique. Classification analogue de Soulier et de Germain Sée. De l'effet utile du médicament. Classification élémentaire et pratique d'après les indications. La thérapeutique en vingt médicaments. Action complexe de la même substance. Nécessité pour le débutant de s'en tenir à cés médicaments.

Pour le jeune étudiant ou le praticien au début de sa carrière, la classification des médicaments, théorique ou dogmatique, importe peu : ses souvenirs sont imprécis et les lectures qu'il a pu faire des gros traités de thérapeutique lui ont malheureusement laissé peu de documents dont il pourra se servir au lit du malade. Dans cet ouvrage, très élémentaire, nous avons surtout besoin de fournir un bagage restreint de données médicales ; il s'agira donc de classer une vingtaine ou une trentaine de médicaments au plus : nous estimons à ce nombre les substances vraiment utiles au praticien. Naturellement nous ne voulons parler que des agents thérapeutiques fidèles, presque *spécifiques* dans leur indication principale.

Quinine et ses sels pour les fièvres paludéennes et paludisme en général.

Mercure et ses sels pour la syphilis.

Iodures pour les accidents de la syphilis.

Bromures contre les accidents nerveux.

Opium pour les diarrhées.

Morphine pour les douleurs.

Chloral contre l'insomnie.

Calomel comme purgatif et antiseptique intestinal.

Salicylates contre les rhumatismes.

Digitale, caféine dans les cardiopathies.

Lait comme diurétique.

Antipyrine comme analgésique.

Ergotine comme vaso-constricteur et agent de contraction
de l'utérus.

Une classification de médicaments doit répondre surtout aux nécessités pratiques. Le problème se pose de la façon suivante :

Une indication étant donnée, quel médicament devra-t-on employer ?

Voyons d'abord ce qui a été antérieurement fait d'utile en cette matière.

I. — M. Berlioz a donné une classification thérapeutique qui reproduit celle de Rabuteau en la modifiant légèrement ; elle nous paraît assez satisfaisante au point de vue pratique.

A. — Agents pondérables ou médicaments.

I.—*Modificateurs de l'innerva-tion.*	Abolissant les fonctions des nerfs moteurs.	Paralyso-mo-teurs........	Curare.
	Excitant le pouvoir réflexe.	Excitateurs réflexes........	Strychnine.
	Diminuant le pouvoir réflexe	Modérateurs réflexes.....	Chloroforme

II. — *Modificateurs de l'innervation et de la motilité.*	Diminuant l'excitabilité nerveuse et la contractilité musculaire.	Névro-musculaires......Bromures.
III. — *Modificateurs de la motilité.*	Excitant la contractilité musculaire.	Excito-musculaires....Ergotine.
	Paralysant la contractilité musculaire.	Paralyso-musculaires....Vératrine.
IV. — *Modificateurs de la nutrition.*	Activant la nutrition.	Excitateurs de la nutrition. Oxygène.
	Ralentissant la nutrition.	Modérateurs de la nutrition. Alcool.
	Réparant les pertes de la nutrition.	Réparateurs de la nutrition. Phosphore et phosphates.
	Favorisant la digestion.	Eupeptiques..Pepsine.
V. — *Modificateurs de la sécrétion et des excrétions.*	Modifiant la sécrétion intestinale.	Purgatifs.....Huile de croton. Sels de magnésie. Anticathartiques.......Morphine.
	Modifiant la sécrétion urinaire.	Diurétiques...Lait. Amnestiques..Morphine.
	Modifiant la sécrétion sudorale.	Sudorifiques..Jaborandi. Antisudorifiques.......Atropine.
	Modifiant les sécrétions bronchique et génito-urinaire.	Balsamiques..Thérébenthine.
VI. — *Parasiticides*.............		Antihelminthiques.....Kousso-fougère. Parasiticides (gale, pédiculi). Sulfures, sublimé.

VII. — *Topiques.*	Emollients..................	Eau tiède.
	Astringents......	Tannin.
	Révulsifs.................. ...	Cantharides.
	Caustiques..................	Fer rouge.

VIII. — *Antiseptiques et désinfectants.*........ Phénol.

B. — Remèdes biologiques.

1° *Transfusion du sang.*
2° *Sérothérapie.*
3° *Saignée.*

C. – Agents impondérables.

1° *Calorique*	Froid.
	Chaleur.
	Hydrothérapie.

2° *Électricité.*
3° *Métallothérapie.*

II. — Le professeur Henri Soulier, de Lyon, propose dans son *Traité de thérapeutique* un *Essai de classification naturelle des médicaments*, basée sur le principe de la subordination des caractères thérapeutiques. Nous croyons utile de le donner ici.

Essai de classification naturelle de Soulier.

Antiparasitaires. Antihelminthiques.
Antiseptiques et désinfectants.
Anodins.
Altérants.
Alcaloïdes.
Anesthésiques.
Hypnagogues.
Antispasmodiques.

Toniques.
Cardiaques.
Vaso-moteurs.
Astringents.
Émollients.
Alcalins.
Saignée. Antiphlogistiques.
Transfusion.
Eupeptiques.
Vomitifs.
Purgatifs. Cholagogues.
Régimes.
Diurétiques et modificateurs des voies urinaires.
Genitalia (aphrodisiaques, anaphrodisiaques, antiblennorrha-
    giques, emménagogues, seigle ergoté).
Diaphorétiques.
Dermatica.
Hydrothérapie. Bains. Eaux minérales.
Caustiques.
Modificateurs de l'appareil respiratoire.

—   —   musculaire { Kinésithérapie.
                                  { Massage.

Méchanica. Suspension, compression, position, etc.
Du chaud.
Du froid.
Lumière.
Acropésie.
Climatothérapie.
Électrothérapie.

III. — M. Germain Sée préférait une classification
basée sur le mécanisme interne des agents médicamenteux ; partant de ce principe il divisait les médicaments en quatre classes :

A. — Modificateurs du système neuro-musculaire.

1° Les médicaments cardiaques.

2° Ceux dont l'activité s'exerce sur les vaisseaux (bromure de potassium, ergot de seigle, belladone).

3° Ceux qui étendent leur action sur tout le système nervo-moteur pour le déprimer (curare, fève de Calabar, ciguë, aconit).

4° Les excitants du système nerveux tout entier, les excitants de la moelle, ceux de l'encéphale.

5° Les dépresseurs de l'action réflexe de la moelle (chloral, bromure de potassium, acide salycilique, anesthésiques).

B. — Trophiques ou modificateurs favorables de la nutrition

1° Trophiques proprement dits (fer, huile de foie de morue).

2° Trophiques indirects ou d'épargne (alcool, thé, café).

3° Trophiques indirects activant les fonctions d'assimilation ou de nutrition (substances amères, quinquina).

4° Trophiques ou toniques des vaisseaux (tannin, métaux).

C. — Médicaments dystrophiques ou dénutritifs

1° Atrophiants partiels (iode).

2° Atrophiants ou trophiques suivant la dose (alcalins).

3° Modificateurs des gaz et des globules du sang (oxygène, air comprimé, acide carbonique).

4° Poisons ostéatogènes (arsenic, phosphore).

5° Dénutritifs généraux (saignée).

D. — Médicaments excréteurs

1° Diurétiques.

2° Diaphorétiques.

3° Purgatifs.

4° Vomitifs.

Nous avons reproduit ces trois classifications pour en montrer l'intérêt ; mais nous devons en arriver à une classification élémentaire qui aura pour base l'*effet dominant et vraiment utile du médicament* ; classification, par conséquent, essentiellement pratique et clinique.

INDICATIONS	MÉDICAMENTS	MODE D'ACTION
Antinervins	Bromures. Chloroforme.	Neuro-musculaires. Modérateur-réflexes.
Vaso-constricteurs.	Ergotine. Morphine.	Excito-musculaires. Somnifère.
Analgésiques.	Antipyrine.	Modératrice de l'excitabilité réflexe.
Hypnotiques.	Chloral. Chloroforme.	
Cardiaques.	Digitale. Caféine.	Toniques du cœur. »
Purgatifs.	Calomel. Sels de soude et de magnésie.	Modificateurs de la sécrétion intestinale.
Diurétiques.	Digitale ; lait. Eau ; lactose.	Modificateurs de la pression sanguine.
Balsamiques.	Térébenthine. Créosote. Benjoin. Eucalyptol.	Modificateurs de la sécrétion bronchique.
Antithermiques.	Quinine. Antipyrine. Balnéation.	Modérateurs des centres nerveux sensitifs. Réfrigération.

Antiseptiques.	Phénol.	Bactéricides.
	Sublimé.	»
	Acide salicylique.	»
	Naphtol.	»
Antirhumatismaux.	Salicylate de soude.	Bactéricides.
	Antipyrine.	»
Antidiurétiques.	Opiacés.	
Antisyphilitiques.	Mercure. Iodures.	
Antispasmodiques.	Musc.	
	Camphre.	
	Bromures.	
	Cyanures (Eau de	
	laurier-cerise).	

Dans ce tableau nous choisissons attentivement une vingtaine de substances principales qui nous permettront de faire de bonne thérapeutique avec vingt médicaments. Nous nous adressons aux élèves, aux débutants, aux jeunes médecins dont nous connaissons l'embarras aux premiers pas faits dans la clientèle. Ils pourront, grâce à cette étude, être prêts déjà à de nombreuses indications, tandis que les manuels et les formulaires ne répondent pas à leur véritable destination qui serait d'enseigner l'*art de formuler* ; les gros traités découragent le novice.

Nous ne voulons pas terminer ce chapitre par un essai de memento destiné à soulager la mémoire en ne donnant à nos lecteurs qu'une matière restreinte. Nous cherchons plutôt à réaliser une sorte de synthèse thérapeutique.

Le jeune médecin ne peut pas s'embarrasser de médicaments nombreux et de formules complexes.

Il doit s'appuyer sur les agents thérapeutiques éprouvés. Au bout de vingt ans d'exercice de la médecine, le praticien peut se retourner et regarder la route parcourue : il a perdu beaucoup d'illusions, mais il a fortifié sa foi dans la médecine, il a travaillé de toutes ses forces à perfectionner son sens clinique, il a recherché au lit du malade la maîtrise du diagnostic. Il ne se défend pas d'un certain scepticisme thérapeutique. Cependant, instruit, averti, judicieux, il a su placer sa confiance dans quelques rares, mais sûrs médicaments qui ne trompent plus son attente. Ceux-là il les connaît : il sait leur effet efficace, leurs doses et leurs indications aident puissamment au triomphe du médecin.

Peut-être le praticien ne réalise-t-il point avec eux de la thérapeutique brillante, romantique, moderne ou ultra-élégante, mais son traitement devient une intervention *rationnelle* qui ne livre rien au hasard.

De temps à autre le praticien, dans certains cas déterminés, ira prendre un regain de nouveauté ou d'expérimentation dans l'armée innombrable des médicaments d'hier ou de demain, mais dans le danger réel, il aura toujours une prédilection marquée pour les bons médicaments qui sont toujours des collaborateurs dont on ne craint ni la défection, ni la faiblesse.

M. Huchard a écrit dans une de ses préfaces :

« L'art de formuler n'est plus l'art de faire, en quelque sorte, des mariages contre nature entre plusieurs médicaments dont l'action physiologique est absolument opposée, ou dont les propriétés chimiques arrivent à produire, comme avec deux parties de glycérine unies à deux parties d'acide chromique, ou encore avec d'autres associations inattendues, des mélanges aussi étonnants que détonants... Et peut-être arrivera-t-il un jour où l'on écrira un livre ainsi conçu : « *La thérapeutique en vingt ou trente médicaments* », mais avec des médicaments dont nous connaîtrons complètement toutes les propriétés physiologiques. Alors, à ce moment, on ne pourra plus dire que l'apparente abondance de nos richesses cache une réelle pauvreté, que nous n'avons que des médicaments et pas de médications. La thérapeutique, avec vingt ou trente médicaments, ne s'en portera pas plus mal, ni les malades non plus ; et, vers la fin d'une carrière médicale, la plupart des praticiens ont déjà trouvé leur chemin de Damas ; ils abusent moins des drogues. »

C'est le terme où parviennent les vrais médecins après une pratique plus ou moins longue.

La route a, pour tous, été pénible. C'est l'expérience personnelle qui détermine le choix, parce que les livres classiques et officiels négligent de donner des avis salutaires.

Aussi, avons-nous pensé que ce serait singulièrement diminuer le doute et le malaise des jeunes confrères à leurs débuts, que de leur signaler une vingtaine de médicaments dont ils pourraient faire choix et qu'ils seront à même d'étudier complètement au point de vue pratique. Ces vingt médicaments suffiront amplement aux besoins de leur clientèle. Leur action sera constante entre leurs mains : ils n'auront pas de déboires et prenant confiance rapidement en eux-mêmes, ils ne négligeront pas la thérapeutique et l'art de formuler, ces deux branches si importantes de notre métier, si on veut être un ouvrier constant dans cette corporation médicale si hérissée de difficultés.

En présence de la douleur, de la fièvre, de l'insomnie vous êtes bien armé .

> Opium (ou son alcaloïde : morphine).
> Quinquinas et sels de quinine.
> Bromures ou chloral.

Contre la cachexie, l'anémie, la faiblesse on trouve de précieux agents dans les

> Iodures et teinture d'iode.
> Quinquinas.
> Caféine.
> Strychnine.
> Arsenic.

Les affections cardiaques seront avantageusement combattues par

> Digitaline.
> Caféine.

Le rhumatisme et les névralgies ont des spécifiques presque certains :

> Salicylates.
> Antipyrine.

En présence d'une hémorrhagie recourez avec confiance à

L'ergotine.

Et dans toutes les manifestations de la syphilis vous userez avec méthode et succès définitif des

Sels de mercure.

Avec les antiseptiques externes et les antiseptiques intestinaux, avec l'ipéca et les purgatifs vous compléterez une thérapeutique saine et de bon aloi, qui se conforme au vieil adage : *primo non nocere.*

Le tableau suivant condensera encore davantage notre pensée :

Médicaments de la douleur.	Opium et morphine. Belladone. Bromures. Antipyrine. Salicylates. Chloral. Cloroforme.
Médicaments hypnotiques..	Morphine. Bromures. Chloral.
Médicaments anesthésiques.	Morphine. Chloroforme.
Médicaments réparateurs...	Iodures, teinture d'iode. Arsenic. Quinquinas.
Médicaments cardiaques ...	Digitale. Caféine.

Médicaments accélérateurs de la nutrition.......... { Strychnine. / Arsenic.

Médicaments antispasmo-diques............... { Aconit. / Chloral. / Bromures. / Morphine. / Antipyrine.

Médicaments antinévralgiques... .... { Morphine. / Antipyrine.

Médicaments antirhumatismaux................... { Salicylates.

Médicaments antisyphilitiques... .... { Mercuriaux.

Médicaments purgatifs..... { Calomel. / Sels de magnésie. / Sels de soude.

Médicaments émétiques.... { Ipéca. / Tartre stibié (émétique).

Médicaments hémostatiques| Ergotine.

Médicaments tænifuges et vermifuges............. { Pelletiérine. / Chloroforme. / Calomel, santonine.

Ce tableau montre les nombreuses indications auxquelles peuvent répondre les vingt médicaments dont nous avons fait choix et dont voici la liste :

1. Aconit.
2. Antipyrine.
3. Antiseptique.
4. Arsenic.
5. Belladone.
6. Bromures.
7. Caféine.
8. Chloral.

9. Chloroforme.
10. Digitale.
11. Ergotine.
12. Iodures.
13. Ipéca.
14. Mercuriaux, Calomel, Sublimé.
15. Opium, Morphine.
16. Quinquinas et sels de quinine.
17. Salicylates.
18. Sels de soude et de magnésie.
19. Strychnine.
20. Tœnifuges.
Appendice. — Sérums, oxygène.

Sans perdre de vue le but pratique de ce livre, ces divers médicaments ont déjà été étudiés dans les différents chapitres précédents.

A chacun de parfaire cette étude en approfondissant mieux l'esquisse et le tracé schématique que nous avons donnés.

CHAPITRE IV

Des incompatibilités.

Sommaire. — La dose et les incompatibilités. — Préoccupations du débutant. — Des différentes incompatibilités, d'après Dujardin-Beaumetz. — Au médecin d'observer les principales lois qui les régissent. — Alcaloïdes et leurs sels, extraits entre eux, sans danger d'association. — Tableau des principaux médicaments avec leurs incompatibilités. — Réflexions qu'ils suggèrent. — Tableau des principaux médicaments avec leur association synergique.

Pour quiconque est peu familiarisé avec la thérapeutique et la matière médicale, l'art de formuler, avec toutes ses difficultés et ses détails minutieux, paraît au début, à cause même du grand nombre de connaissances précises que sa pratique exige, absolument inabordable : le découragement ou le scepticisme sont les conséquences de cette détestable et inexacte première impression. La posologie rebute énormément par l'effort de mémoire assez considérable qu'elle réclame : les erreurs de doses peuvent être très redoutables. Les formulaires, si nombreux et presque tous très bien faits, remédient au défaut de mémoire : ils indiquent les doses toxiques ou thérapeutiques de chaque médicament et ces chiffres se gravent dans l'esprit plus vite qu'on ne croit. La solubilité et l'incompatibilité sont des cauchemars perpétuels pour les débutants : elles préoccupent le jeune praticien, comme je l'ai déjà dit, au point de lui rendre les premières ordonnances comparables à un véritable supplice sans cesse renouvelé. On s'en tire généralement en apprenant par cœur quelques formules toutes faites. C'est remplacer par un exercice fastidieux un art véritable.

D'après Dujardin-Beaumetz : « Il y a incompatibilité entre deux ou plusieurs substances lorsqu'elles peuvent constituer par leur association un mélange défectueux, soit pour la forme, soit pour les résultats physiologiques auxquels son administration donnerait lieu ». Il reconnaît quatre sortes d'incompatibilités :

1° **Incompatibilité physique.** — Véhicule employé en quantité insuffisante pour dissoudre un sel.

Exemple :

Sublimé	réclamant	15 parties d'eau.	
Acide phénique	—	17 parties d'eau froide.	
Caféine	—	100	—
Terpine	—	200	—

2° **Incompatibilité pharmaceutique.** — Le camphre ramollit un certain nombre de substances : ne pas faire argenter des pilules contenant de l'iode ou du mercure.

3° **Incompatibilité physiologique.** — Action paradoxale, antagonisme entre deux substances.

Exemple :

Toniques et alcalins.
Opium et vomitif.

Opium et purgatif.
Strychnine et bromures.
Chloral et nitrite d'amyle.
Opium et café ou alcool.

4° Incompatibilité chimique. — Ce groupe est le plus important de tous ; il comprend un *nombre considérable* d'erreurs que le médecin doit éviter d'une façon absolue ; car, si celles que nous avons précédemment signalées peuvent jusqu'à un certain point compromettre sa réputation, celles dont il nous reste à parler peuvent avoir de sérieux inconvénients pour le malade, lui faire courir les plus grands dangers et causer quelquefois sa mort.

La règle unique et absolue (à moins qu'on ait en vue cette réaction) est la suivante :

Il ne faut jamais associer des substances qui par une réaction mutuelle peuvent donner naissance à des composés nouveaux insolubles ou toxiques.

De toutes ces incompatibilités, les incompatibilités chimiques sont les plus importantes.

La première classe de ces phénomènes a trait surtout à la solubilité : nous réserverons cette question pour un chapitre spécial. La seconde classe est de peu d'importance et sera étudiée dans le chapitre des exercices formulaires ; la troisième, comme nous l'avons déjà dit, étant surtout l'antagonisme thérapeutique à proprement parler, sera sûrement et facilement évitée quand on connaîtra les grandes indications thérapeutiques et leurs agents principaux.

* *

Le médecin devra donc mettre tous ses soins à observer les lois suivantes :

PREMIÈRE LOI. — *Eviter les médicaments dont l'association donne un produit insoluble.*

Exemple :

Alcaloïde et tannin.
Tannin et fer.
Albumine et alcaloïdes.
Albumine et alcool ou acide.
Matières organiques et permanganate de potasse.
Albumine et sels de mercure.
Mucilage de gomme et perchlorure de fer.

La connaissance de ces associations, désastreuses au point de vue thérapeutique, est précieuse en toxicologie, puisqu'elle constitue en grande partie l'antidotisme basé sur la production d'un composé insoluble et qui, par conséquent, arrête et empêche l'assimilation du poison primitivement absorbé.

Exemple :

Administration de bases énergiquees dans le cas d'empoisonnement par un acide.
Albumine dans le cas d'empoisonnement par le sublimé.

Nous reviendrons plus loin sur les différentes formes d'antidotisme et d'antagonisme.

DEUXIÈME LOI. — *Éviter l'association des médicaments pouvant donner naissance à un nouveau produit toxique.*

Exemple :

Calomel et composés cyaniques.
Calomel et chlorures.
Calomel et iodure de potassium.
Strychnine et iodure.

Nous pouvons déjà faire remarquer que l'observation de cette loi doit être beaucoup plus stricte et rigoureuse que la première. En effet, le résultat de la première incompatibilité est l'inactivité thérapeutique ; le médicament étant insoluble ne s'assimile pas et ne produit aucun effet, tandis que les modifications chimiques qui déterminent la formation ou la mise en liberté d'une substance dangereuse ou toxique sont des plus terribles dans leurs effets. Fort heureusement, les circonstances dans lesquelles ces réactions se produisent sont assez rares et peuvent être toutes connues d'une façon très nette par le débutant et le jeune praticien.

En thérapeutique, nous employons surtout deux ordres de substances : les unes d'origine minérale, les autres de nature organique. Ce sont surtout les substances minérales qui sont d'un maniement délicat et dont il faut le mieux connaître les diverses réactions et les multiples incompatibilités. C'est la chimie qui nous renseigne sur ces points. Malheureusement, les étudiants et les jeunes praticiens ont tendance à oublier les éléments des sciences accessoires qui leur ont été inculquées au début de leurs études. Je conseille donc la mise en pratique du précepte suivant :

Il ne faut jamais (ou du moins très rarement, et

en parfaite connaissance de cause) associer dans une formule deux sels minéraux dont les réactions ne nous sont pas parfaitement connues.

On a, par contre, toute latitude pour l'association quand les sels mis en présence ne fournissent aucune réaction.

Exemple :

℞ Glycéro-phosphate de chaux...........   4 gr.
    —   —   de fer..............   0 gr. 40
  Arséniate de soude...... ....   0 — 10
  . Eau................................. 300 —

Chaque cuillerée à soupe contient 5 mill. d'arséniate. 4 cuillerées au maximum *pro die.*

Ces sels ne présentent aucune action nuisible entre eux, donc vous pouvez les associer, et cela, d'autant plus légitimement que leur action thérapeutique est synergique.

Autre exemple :

℞ Iodure de potassium................. 10 gr.
  Arséniate de soude....................   0 — 05
  Eau................................. 200 —

Chaque cuillerée à soupe contient environ 4 mill. d'arséniate 5 cuillerées au maximum *pro die.*

Même réflexion pour ces deux sels.

Aussi bien, dans l'emploi des alcaloïdes et de leurs sels, des extraits et des teintures de diverses plantes médicamenteuses, vous pouvez agir avec beaucoup plus de sûreté quand vous désirerez les mélanger : *elles ne présentent presque aucune incompatibilité.*

Exemples :

Mixture tonique et antifébrile
- Teinture de quinquina.......... 10 gr.
- — de noix vomique (1).... 1 —
- — de kola............... 5 —
- — de vanille............ 3 —

Trente gouttes avant chaque repas dans un peu d'eau.

Solution hypodermique.
- Chlorhydrate de morphine.... 0 gr. 10
- Sulfate neutre d'atropine..... 0 — 01
- Eau....................... 10 —

Mixture calmante
- Teinture d'opium............ 5 gr.
- Alcoolature de racine d'aconit. 2 —
- Teinture de belladone........ 3 —

Pilules calmantes
- Extrait de chanvre indien.
- — de jusquiame.....
- — de belladone......
- — de réglisse........ } ââ 0 gr. 01

Mixture hémostatique.
- Teinture d'hydrastis .....
- — d'hamamelis....
- — d'ergotine...... } ââ 3 gr.

Pilules antichlorotiques
- Extrait de quinquina.....
- — de gentiane.......
- — de rhubarbe......
- Poudre de réglisse....... } ââ 0 gr. 05

Pilules purgatives
- Scammonée............
- Aloès......... ....
- Jalap. ....
- Savon amygdalin........ } ââ 0 gr. 05

Ces nombreux exemples vous démontreront la variété infinie des formules qu'on peut écrire sans

(1) La teinture de noix vomique est moitié moins active d'après le nouveau *Codex* que d'après celui de 1884.

préoccupation d'incompatibilité chimique, sans crainte de production de nouveaux produits toxiques, c'est-à-dire en observant la 2e loi.

Troisième loi. — *Éviter l'association des substances dont le mélange peut être détonant ou déliquescent.*

Exemple :

Mélange détonant........ { Chlorate de potasse. / Charbon. }

— — .... { Chlorate de potasse. / Glycérine. / Perchlorure de fer. }

Mélange déliquescent .... { Hydrate de chloral. / Sulfonal, }

— — .... { Antypirine. / Salycilate de soude. }

Les mélanges déliquescents ne sont à éviter que lorsqu'on prescrit ces substances en paquets ou en cachets : l'adjonction de poudres inertes, comme le lycopode ou l'amidon, corrige cette déliquescence dans une certaine mesure. Nous reparlerons de cette réaction au chapitre où nous traiterons des différentes préparations pharmaceutiques.

Quatrième loi. — *Ne pas prescrire dans une même formule des substances abandonnant facilement leur oxygène, avec d'autres facilement oxydables.*

Acide picrique   { permanganate de potasse
Poudres organiques { et infusés.

L'eau oxygénée (H_2O) ne peut être mise en présence d'aucune substance organique sous peine de perdre tout ou partie de son oxygène. Seul l'alcool dans la proportion de 2 °/₀ contribue à conserver à l'eau oxygénée sa teneur en oxygène.

En résumé, comme je le disais plus haut, pour ne pas tomber dans une erreur grossière, il faut surtout avoir présentes à l'esprit les incompatibilités des principaux sels inorganiques entre eux et de quelques-uns de ces sels avec les alcaloïdes et les produits d'origine végétale.

Nous avons dressé un tableau que le lecteur pourra consulter avec fruit et où il trouvera indiquées les incompatibilités les plus dangereuses, celles qu'il faut éviter avec le plus de soin. Les produits toxiques résultant des réactions entre deux corps thérapeutiquement incompatibles, sont mentionnés en capitales.

Principaux sels employés en médecine et leurs incompatibilités.

NATURE DU SEL	INCOMPATIBILITÉS DE CES SELS EN GÉNÉRAL	INCOMPATIBILITÉS DE QUELQUES-UNS DE CES SELS	PRINCIPAUX PRODUITS DES RÉACTIONS NOUVELLES
Alumine..	Alcalis et leurs carbonates ; sels de plomb, de chaux. Emétique. Infusés astringents. Lait.	*Alun* avec les composés tanniques. *Alun* et miel rosat.	Composés moins styptiques. Donne une coloration jaune à éviter dans les gargarismes.
Antimoine	Acides. Sels acides. Crème de tartre, sulfures et chlorures solubles.	*Oxyde blanc d'antimoine* et tannin. *Tartre stibié* et tannin et les matières qui en renferment (thé, café, quinquina, noix de galle, écorce de chêne).	Produit insoluble. Produit inluble.
Argent. ...	Alcalis et leurs carbonates. Chlorures. Bromures. Iodures. Cyanures. Sulfates. Phosphates. Acides tartrique, chlorhydrique. Matières organiques. Lumière.	*Azotate d'argent* et chlorures ou cyanures.	Produit insoluble.

NATURE DU SEL	INCOMPATIBILITÉS DE CES SELS EN GÉNÉRAL	INCOMPATIBILITÉS DE QUELQUES-UNS DE CES SELS	PRINCIPAUX PRODUITS DES RÉACTIONS NOUVELLES
Bismuth..	Sulfures solubles Kermès. Soufre.	*Sous-nitrate de bismuth* et sulfure de sodium *Sous-nitrate de bismuth* et iodure de potassium.	Iodure de bismuth insoluble.
Bromures	Sels de plomb. Mercure. Argent. Acides. Sels acides. Chlore. Bromures. Graisse rance. Iodure métallique (iodure de fer) (voir Iodures).	*Bromures de potassium* et corps oxydants Br. de potasse et chlore, ou hypochlorites.	Bromates très irritants. Déplacent le brome.
Chaux....	Acides. Sels acides. Carbonates solubles. Infusés. Sels de mercure.	Eau de chaux et acide lactique. Chlorhydrophosphate de chaux et bicarbonate de soude.	Lactate de chaux insoluble. Carbonate de chaux (précipité). Phosphate de soude (purgatif).
Cuivre....	Sulfures. Sels de plomb. Alcalis astringents. Borax. Alcalis et leurs carbonates.	Sulfate de cuivre ammoniacal et sulfate de cuivre avec matières albuminoïdes.	Composés qui se précipitent.
Fer......	Alcalis et leurs carbonates.	Sulfate de fer et tannin.	(Encre).

NATURE DU SEL	INCOMPATIBILITÉS DE CES SELS EN GÉNÉRAL	INCOMPATIBILITÉS DE QUELQUES-UNS DE CES SELS	PRINCIPAUX PRODUITS DES RÉACTIONS NOUVELLES
Fer (suite).	Infusés astrin - gents. Tannin, gomme, mucilages, albumine. Sels de mercure et argent. Arséniates et arsénites. Ferro-émétique.	Tartrate ferrico-potassique et acide arsénieux ou arsénites et arséniates. Perchlorure de fer et arséniate de soude.	Arsénite de fer insoluble. Arséniate de fer insoluble.
Iodures...	Comme les bromures.	Iodure de potassium et calomel. Iodure de potassium et sous-nitrate de bismuth.	IODURE DE MERCURE très irritant et très toxique. Iodure de bismuth insoluble.
Magnésie.	Acides et sels acides.	Sulfate de magnésie avec alcalis et bicarbonate ; sels, dont la base peut former un sulfate insoluble. Magnésie et acide arsénieux.	Sels insolubles. Arsénite insoluble.
Manganèse	Relatives surtout au permanganate de potasse.	Permanganate de potasse et toutes les substances organiques : alcool, glycérine, sucre ; toutes infusions végétales.	Décomposition et formation de manganate insoluble.

NATURE DU SEL	INCOMPATIBILITÉS DE CES SELS EN GÉNÉRAL	INCOMPATIBILITÉS DE QUELQUES-UNS DE CES SELS	PRINCIPAUX PRODUITS DES RÉACTIONS NOUVELLES
Mercure..	Acides, alcalis, chlorures, bromures. Iodures. Poudre métallique. Fer. Sulfure d'antimoine. Looch ou calomel. Amande amères. Cyanure.	Calomel et iodure de potassium. Calomel et composés cyaniques. Calomel, chlorures et iodures. Calomel et tannin. Bichlorure et albumine. Bichlorure et tannin.	IODURE DE MERCURE (toxique). CYANURE DE MERCURE (toxique). SUBLIMÉ (toxique). Tannate de mercure. Albuminate de mercure insoluble. Tannate de mercure insoluble.
Plomb....	Acides sulfurique, chlorhydrique, phosphorique, et leurs sels solubles. Tannin. Iodure. Alcalis. Borax, alun, lait, opium.	Acétate de plomb et sulfate de zinc.	Sulfate de plomb insoluble.
Potasse...	Acides, sels acides : sels d'argent, de mercure, poudre de fer, fruits acides.	Carbonate de potasse et magnésie.	Carbonate de magnésie insoluble.

NATURE DU SEL	INCOMPATIBILITÉS DE CES SELS EN GÉNÉRAL	INCOMPATIBILITÉS DE QUELQUES-UNS DE CES SELS	PRINCIPAUX PRODUITS DES RÉACTIONS NOUVELLES
Soude.....	Acides, sels acides ; tous les sels dont la base peut donner lieu à un carbonate insoluble.	Bicarbonate de soude ; acide tartrique.	Dégagement de gaz carbonique et formation de tartrate soude (réaction employée dans la potion de Rivière
Zinc.	Acides, sels acides.	Sulfate de zinc, incompatible avec lait, tannin, alcalis et les carbonates.	

Incompatibilités de quelques autres substances tirées du régne végétal.

SUBSTANCES	INCOMPATIBILITÉS GÉNÉRALES	EXEMPLES PLUS SPÈCIAUX	PRODUITS NOUVEAUX DE RÉACTION
Albumine (employée sous forme d'eau albumineuse).	Acide. Alcool. Tannin.	Tannate et albumine.	Tannate d'albumine insoluble.
Alcaloïdes	Tannin.		
Tannin...	Alcaloïdes, sels métalliques, surtout de fer, antimoine, plomb, mercure émétique, albumine, émulsion, eau de chaux.	Tannin et sels de fer. Tannin et calomel.	Tannate de fer noir insoluble. Tannate de mercure insoluble.

De l'étude de ce tableau il ressort la nécessité de surveiller rigoureusement les associations dont les réactions nouvelles fournissent un composé toxique : ces associations dangereuses sont surtout celles du calomel avec les différents sels comme les iodures, bromures, chlorures, etc.; des iodures avec le calomel ; du calomel avec les composés cyaniques.

En effet, il résulterait de ces associations malheureuses des nouveaux composés des sels de mercure extrêmement toxiques. Il ne sera donc pas inutile d'insister particulièrement sur les dangers de maniement du calomel et des sels de mercure en général.

Il faut éviter absolument de prescrire le calomel avec les loochs, les amandes amères, les composés cyaniques, l'eau de laurier-cerise ; les cyanures de mercure sont très toxiques.

Il faut éviter de prescrire le calomel avec des boissons trop salées (chlorure de sodium) pour éviter la formation (d'ailleurs contestée) de bichlorure de mercure (sublimé) très toxique.

Il faut éviter chez des sujets soumis à un traitement ioduré de faire avec du calomel des insufflations dans les yeux : l'iode s'éliminant par les larmes, comme par la salive, pourrait en présence du calomel produire de l'iodure de mercure, très irritant, qui déterminerait une eschare de la cornée.

Cela faisant, on observe la deuxième loi énoncée plus haut : *Éviter l'association des médicaments pouvant donner naissance à un nouveau produit toxique.*

Il suffira donc de se graver dans la mémoire le tableau suivant :

Le calomel est incompatible et ne doit pas être associé avec ....
- chlorures (substances salées).
- cyanures (amandes amères).
- bromures.
- iodures.
- tannin et albumine.

Le calomel peut être associé avec. ....
- les extraits de plante : opium, ipéca, scammonée, jalap, aloès.
- les pommades, axonge, vaseline.
- les poudres végétales : rhubarbe, semen-contra, santonine.

Les associations donnant lieu à un produit nouveau toxique sont donc relativement restreintes. Au contraire, celles déterminant le précipité d'un nouveau composé insoluble sont beaucoup plus fréquentes. Voici celles qu'il faut principalement avoir à l'esprit.

Alcaloïdes et tannin.
Tannin et sels de fer.
Albumine et alcaloïdes.
Tannin et sels de mercure.
Albumine et sels de mercure.
Permanganate de potasse et matière organique.
Strychnine et iodures.

Si, a priori, l'étude de ce tableau paraît exiger un grand effort de mémoire, on voit que facilement on groupe ces diverses réactions dans des formules assez simples. En effet, on n'est tenté d'associer que des sels ou des substances dont l'effet thérapeutique est

4

à peu près identique pour rechercher l'action syner
gique, pour augmenter l'énergie de l'intervention
thérapeutique.

Il faut donc d'abord connaître les propriétés médicales des diverses substances qu'on sera à même de
manier ; une fois cette acquisition faite, le jeune praticien apprendra vite à connaître les associations
qu'il peut se permettre entre médicaments du même
groupe au point de vue de l'intervention. Il attaquera
ainsi cette question de pratique sous ses deux faces :

Les associations défendues.
Les associations permises.

Présentée sous ce nouvel aspect, l'étude des incompatibilités s'offrira moins ardue. Dans le tableau suivant, nous avons réuni d'après leurs effets dominants
la plupart des substances employées en médecine :
sels inorganiques, alcaloïdes dérivés de la série aromatique, poudres et teintures végétales. On trouvera
ainsi très facilement, une indication étant donnée,
tous les médicaments principaux que le praticien peut
avoir à sa disposition. Pour les doses ignorées, il
suffira de s'en référer à n'importe quel formulaire.

Tableau des médicaments avec leurs associations synergiques.

(On trouvera dans le chapitre des exercices formulaires ces associations formulées avec tous les détails nécessaires).

INDICATIONS	MÉDICAMENTS REMPLISSANT CETTE INDICATION	ASSOCIATIONS SYNERGIQUES
Médicaments de la douleur.	Opium en poudre. Laudanum. Extrait thébaïque. Morphine. Codéine. Antipyrine. Laurier-cerise. Cocaïne. Ciguë. Atropine. Jusquiame. Belladone. Bromure. Chloroforme. Ether	Laudanum. Morphine. ⎰ Laurier-cerise. Opium. Belladone. Jusquiame. Ciguë. Bromure. ⎰ Cocaïne. Chloroforme. Opium. Antipyrine. Éther. Chloroforme. Laudanum. ⎰ Morphine. Atropine. Eau de laurier-cerise
Hypnotiques.	Chloral. Ether. Chloroforme. Sulfonal. Bromures. Uréthane. Trional. Opium. Belladone. Morphine. Atropine. Eau de laurier-cerise. Chanvre indien. Véronal.	Chloral. Bromure. Opium. ⎰ Morphine. Chloral. Eau de laurier-cerise Bromure. Sulfonal. Chloral. ⎰ Chanvre indien. Bromure. Jusquiame. Chloral.

INDICATIONS	MÉDICAMENTS REMPLISSAFT CETTE INDICATION	ASSOCIATIONS SYNERGIQUES	
Antispasmodiques.	Argent. Atropine. Camomille. Camphre. Castoréum. Chanvre indien. Ciguë. Sulfate de cuivre. Ether. Valérianate de fer. Valérianate et ses sels. Menthe. Oranger. Thym. Tilleul. Oxyde de zinc. Valérianate de zinc. Bromure.	Camphre. Musc. Chanvre indien.	Castoréum. Opium. Ciguë.
		Valérianate de zinc. Belladone.	Oxyde de zinc. Valérianate.
		Bromure. Belladone. Chanvre indien.	Menthe. Tilleul. Oranger.
		Bromure. Nitrate d'argent.	Valérianate. Castoréum. Sagapénum. Asa fœtida.
Anti-asthmatiques	Anémonine. Ether iodhydrique (iodure d'éthyle en aspiration). Iodures. Lobélie. Grindelia robusta. Pyridine. Nitrite d'amyle (en aspiration). Iodopeptone.	Iodure de potassium. — sodium.	Iodure de potassium. Teinture de lobélie.
Modificateurs de l'état général (anti-anémiques).	Sels de fer. Iodures. Phosphates. Huile de foie de morue. Glycérine. Arsenic et sels. Phosphore. Kola. Coca. Quinquina.	Quinquina. Glycérine. Tartrate ferrico-potassique.	Sulfate de fer. Hypophosphite de chaux.

INDICATIONS	MÉDICAMENTS	ASSOCIATIONS SYNERGIQUES	
	Glycérophosphates. Cacodylates. Méthylarsinates.	Iodure de fer. — potasse.	Iodure de potassium. Arséniate de soude. Glycérophosphates
Émétiques.	Tartre stibié. Ipéca. Apomorphine. Sulfate de zinc. Sulfate de cuivre, etc.	Tartre stibié. Ipéca.	Sulfate de zinc. — cuivre.
Purgatifs.	Sulfate de soude. Sulfate de magnésie. Nitrate et tartrate de magnésie. Magnésie. Calomel. Rhubarbe. Podophylin. Scammonée. Jalap. Aloès. Séné. Huile de croton. Huile de ricin. Cascara sagrada. Extrait de belladone. Evonymine. Gomme gutte. Miel de mercuriale.	Sulfate de soude. — magnésie.	Citrate de magnésie Tartrate —
		Podophyllin. Evonymine.	Scammonée. Jalap. Aloès.
		Calomel. Aloès. Gomme gutte. Scammonée.	Séné. Miel de mercuriale. Sulfate soude. — magnésie.
Antidiarrhéiques et antidysentériques.	Sous-nitrate de bismuth et autres sels de bismuth. Carbonate de chaux. Phosphate de chaux. Acide lactique. Ratanhia. Benzoates. Coings. Cannelle. Opiacés. Ipéca. Salol. Naphtol et Benzonaphtol. Tannin. Tannigène. Tannalbine.	Sous-nitrate bismuth. Benzonaphtol.	Salol. Naphtol. Poudre d'opium.
		Laudanum. Ratanhia. Salicylate bismuth. Coings.	Acide lactique. Elixir parégorique. Extrait d'opium. — ratanhia.
		Craie préparée. Phosphate de chaux.	Tannin. Extrait d'opium. — ratanhia.

INDICATIONS	MÉDICAMENTS REMPLISSANT CETTE INDICATION	ASSOCIATIONS SYNERGIQUES	
Cardiaques et diurétiques.	Digitale. Caféine. Spartéine. Strophantus. Muguet. Scille. Nitrate de potasse. Lactose. Benzoate de soude. Genièvre. Chiendent. Sulfate de potasse.	Digitale. Scille.	{ Caféine. Benzoate de soude.
		Nitrate de potasse. Digitale. Scille. Genièvre.	{ Nitrate de potasse. Sulfate de potasse. Chiendent.
Expectorants et balsamiques.	Copahu. Tolu. Benjoin. Goudron. Bourgeons de sapin. Térébenthine. Terpine. Opiacés. Antimoine. Kermès. Ipéca. Hysope. Polygala. Scille. Violette. Créosote. Iodoforme.	Ext. opium. Benjoin. Tolu. Térébenthine.	{ Iodoforme. Créosote. Codéine. Belladone.
		Terpine. Codéine.	{ Goudron. Benjoin. Opium.
		Antimoine. Opium. { Kermès. Opium.	{ Ipéca. Opium.
Hémostatiques.	Ergotine. Perchlorure de fer. Hydrastis. Hamamelis. Alun. Tannin. Benjoin. Eau oxygénée à 12 volumes. Adrénaline. Chlorure de calcium.	Ergotine. Hydrastis. Hamamelis.	{ Alun. Benjoin.

INDICATIONS	MÉDICAMENTS REMPLISSANT CETTE INDICATION	ASSOCIATIONS SYNERGIQUES	
Vermifuges et tænifuges.	Absinthe. Calomel. Ether. Fougère. Pelletiérine. Grenadier. Mousse de Corse. Santonine. Amers (café), Tanaisie, etc.	Santonine. Calomel.	{ Huile éthérée de fougère mâle.
		Semen contra. Calomel. Camphre.	{ Semen contra. Mousse de Corse. Café.
Excitants.	Anis. Café. Caféine. Cannelle. Ether. Girofle. Mélisse. Noix vomique. Phosphore. Thé. Thym. Vanille. Acétate d'ammoniaque. Quinquina. Alcool.	Extr. quinquina. Alcool. Cannelle.	{ Caféine. Thé. Mélisse.
		Acétate d'ammoniaque. Cannelle. Ether.	{ Ether. Alcool. Quinquina.
Antithermiques.	Acétanilide. Antipyrine. Phénacétine. Acide salicylique. Quinine. Pyramidon. Cryogénine.	Acétanilide. Phénacétine. Antipyrine. Quinine.	{ Antipyrine. Acide salicylique. (Mélange dit Salipyrine).
Emménagogues.	Absinthe. Aloès. Armoise. Apiol. Ergotine. Ferrugineux. Manganèse. Quinquina. Safran. Gentianes, etc. (amers).	Antipyrine. Quinine.	
		Ergotine. Ferrugineux.	{ Absinthe. Aloès. Armoise.
		Ergotine. Quinquina. Amers.	{ Manganèse. Safran. Fer.

INDICATIONS	MÉDICAMENTS REMPLISSANT CETTE INDICATION	ASSOCIATIONS SYNERGIQUES	
Amers (1).	Absinthe. Colombo. Condurango. Gingembre. Houblon. Oranges amères. Quassia. Noix vomique. Quinquina. Fenouil. Anis.	Absinthe. Colombo. Gentiane.	Gentiane. Rhubarbe. Quassia.
		Quinquina. Noix vomique. Ecorces oranges amères. Fenouil.	Noix vomique. Colombo Rhubarbe. Quinquina.

(1) Nota. — Les gouttes amères de Baumé sont deux fois et demi moins actives d'après le Codex de 1908. On ordonnera de XV à XL gouttes par jour.

CHAPITRE V

De la solubilité.

Sommaire. — *Corpora non agunt, nisi soluta.* — Solution et dissolution. — Solubilité dans le véhicule. — De la liquéfaction. — Des différents degrés de solubilité. — Le coefficient de solubilité. — Corps solubles dans l'eau et l'alcool. — Sels insolubles en suspension. — Sels insolubles en cachets. — Les loochs, juleps, potions gommeuses. — Solubilité par réaction réciproque de deux sels. — Tableau des solubilités. — Tableau graphique des solubilités dans l'eau et l'alcool.

Corpora non agunt, nisi soluta ; si cet aphorisme n'est pas toujours rigoureusement vrai, dans la majorité des cas il est exact : les corps solides ne sont absorbés par les muqueuses que s'ils sont administrés en *solution* ou en *dissolution*. Ces deux mots employés indifféremment dans le langage médical courant, n'ont cependant pas un sens complètement identique : ils ne sont pas synonymes. Avant donc d'aller plus loin, nous les définirons.

« La solution consiste dans l'union molécule à molécule d'un ou plusieurs corps doués de propriétés physiques différentes, mais présentant entre eux une certaine analogie de constitution. » M. P. Yvon (1),

(1) P. Yvon. *Notions de pharmacie nécessaires au médecin.* Paris, 1892.

au livre duquel nous empruntons cette définition, explique dans les termes suivants la signification du mot *dissolution* :

« Le mot dissolution implique l'idée d'un phénomène chimique. Le corps dissous est plus ou moins profondément modifié et l'évaporation du dissolvant isole un corps nouveau jouissant de propriétés tout autres que celles des corps primitifs : *acide sulfurique* et *cuivre* ; après dissolution, on retire du sulfate de cuivre. »

Quoi qu'il en soit, en thérapeutique, nous recherchons, pour l'administration d'un corps solide, sa solubilité dans un *véhicule*, habituellement l'eau, plus ou moins additionnée d'alcool ou du corps dissolvant par excellence de la substance dont il s'agit :

Exemples :

> Iodure de potassium.
> Eau.
>
> Terpine.
> Alcool.
>
> Camphre.
> Alcool.
>
> Caféine.
> Benzoate de soude.
> Eau.

Nous recherchons donc la liquéfaction d'un corps solide, pour que son passage à travers la muqueuse et sa pénétration dans les liquides vitaux soient possibles et aisés. Comme le fait remarquer P. Yvon, le phénomène de la liquéfaction peut se produire dans diverses circonstances.

Exemples :

Deux liquides se liquéfient : Alcool et éther.
Un liquide et un so-
    lide   —   : Sucre et eau.
Deux solides   —   : Iode et vaseline.
Un gaz dans un li-
    quide   —   : Acide carbonique et eau.

Si nous avons à incorporer dans une potion un médicament solide quelconque, plusieurs cas pourront se présenter :

Le corps sera complètement insoluble.
     —   peu soluble.
     —   soluble.
     —   très soluble.

Dans le premier cas, si le corps est complètement insoluble dans les véhicules habituellement employés, eau, éther, chloroforme, glycérine, alcool, on se servira de divers artifices de préparation sur lesquels nous reviendrons tout à l'heure. Si le corps est peu soluble, on aidera au phénomène visé en recherchant toutes les circonstances qui peuvent le favoriser. Dans le troisième et le quatrième cas, les choses seront toutes simples : toutefois, il ne faut pas oublier qu'une quantité de liquide donné ne peut pas indéfiniment dissoudre un même corps solide. Le milieu dissolvant arrive à *saturation*.

Exemple :

Un litre d'eau ne peut pas dissoudre plus de 40 grammes
d'acide borique à la température ordinaire.

La limite de saturation est désignée sous le nom de
coefficient de solubilité. Ces diverses données, le
praticien les acquerra à la longue ; mais il doit dès le
début se familiariser avec le degré de solubilité des
différentes substances courantes qu'il sera obligé
d'employer journellement. Nous avons déjà fait res-
sortir quels seraient les inconvénients d'une formule
dans laquelle se trouverait indiqué un corps insoluble : tout d'abord, cela dénoterait, aux yeux du
pharmacien, l'ignorance évidente du médecin, que le
malade ne tarderait pas longtemps à connaître. De
plus, la médication ne produirait aucun effet et serait
comme non avenue.

Dans le tableau suivant nous avons réuni les corps
solubles ou insolubles dans l'eau, mais solubles dans
l'alcool : l'eau et l'alcool étant les véhicules et les
dissolvants les plus communément employés. La
première classe de médicaments doit surtout attirer
l'attention du praticien : ce sont ceux insolubles dans
l'eau et l'alcool. Nous mentionnons dans ces cas les
artifices de préparation :

I. — *Corps inso-lubles dans l'eau et l'alcool.*	Sous-nitrate de bismuth (Sels de bismuth en général). Ipéca. Cinchonine. Arséniate ferreux. Phosphate de chaux basique. Kermès. Oxyde blanc d'antimoine.

N. B. — Nécessité d'adjoindre à la préparation un sirop ou
un mucilage pour tenir le corps en suspension.

II. — *Corps insolubles ou peu solubles dans l'eau, et solubles dans l'alcool.*	Insolubles (dans l'eau).	Digitaline. Éther bromhydrique. Éther iodhydrique. Iode. Iodoforme. Iodure mercurique. Vératrine. Tannate de quinine. Naphtol.
	Peu solubles (dans l'eau).	Acide benzoïque. Acide picrique. Acide salicylique. Brucine. Créosote. Atropine. Terpine. Sublimé. Acide phénique. Sels de quinine. Chloroforme Thymol. Exalgine.

N. B. — Nécessité de l'alcool dans la formule.

III. — *Corps parfaitement solubles dans l'eau.*	Acétate de morphine. Acétone. Acide lactique. Apomorphine. Arséniate de potasse. Benzoate de soude. Bromures. Iodures. Chlorures de fer et de zinc. Glycérine. Phosphates de potasse et de soude. Tannin. Valérianate d'ammoniaque.
IV. — *Corps imparfaitement solubles dans l'eau et l'alcool* (1).	Acide borique (25-16). Acide arsénieux (80-144). Azotate de strychnine (90-60). Borate de soude (22, insoluble). Caféine (100-25). Morphine (1000-40). Narcéine (1285-900). Strychnine (7000-120). Sulfate de quinine (755-75).

Au point de vue pratique, il résulte du tableau ci-dessus que les corps absolument insolubles dans l'eau

(1) Les chiffres entre parenthèses indiquent les coefficients de solubilité dans l'eau et l'alcool.

et l'alcool sont peu nombreux, et le praticien se les gravera facilement dans la mémoire. Comme nous l'avons fait remarquer, la nécessité d'un sirop, ou d'un mucilage pour tenir le corps en suspension, s'impose pour administrer ces corps en potion ; nous allons donner la formule d'une potion type qui nous fera mieux comprendre.

Pour le. sous-nitrate de bismuth, qu'on prescrit assez fréquemment sous la forme de potion, Dujardin-Beaumetz préconisait la formule suivante :

℞ Sous-nitrate de bismuth............... 10 gram.
   Laudanum de Sydenham (Codex 1884).. X gouttes.
   Alcoolat de menthe.................... 10 gram.
   Infusion de bistorte .... 70 —
   Sirop de ratanhia...................... 30 —

Je ferai remarquer que dans cette potion :

1° Le sous-nitrate de bismuth peut être remplacé par tout autre sel de bismuth (benzoate de bismuth, salicylate de bismuth) également insoluble ;

2° Le sirop, qui permet jusqu'à un certain point au sel de bismuth de se tenir en suspension, peut être remplacé et augmenté (sirop de coings, 60 gr.).

Ces sels insolubles, à l'aide desquels on pratique l'antisepsie intestinale, pourront être d'ailleurs facilement administrés en cachets (voir plus loin).

Pour les corps imparfaitement solubles dans l'eau et l'alcool et qu'on est cependant obligé d'employer dissous, on a recours à certains dissolvants particuliers.

Exemples :

Acide tartrique, pour les sels de *quinine*.
   —   pour le *sublimé*.
Acide chlorhydrique pour le *phosphate de chaux basique*.
Benzoate de soude, pour les sels de *caféine*.
Salicylate de soude, pour la *thébromine*.

Les autres corps s'emploient plus volontiers en pilules, granules ou cachets.

Quelquefois, pour aider à la dissolution d'un corps dans un véhicule comme l'eau, on divise ce corps par la trituration avec une petite quantité du dissolvant.

Exemple :

Chlorate de potasse et eau.

La chaleur également aide à la solubilité des corps : toutefois, c'est un moyen dont il faut se défier. En effet, tel médicament dissous à chaud dans l'officine du pharmacien sortira de chez lui en solution limpide ; mais aussitôt arrivée chez le malade, la préparation en se refroidissant formera un dépôt.

Exemple :

Un litre d'eau dissout 35 grammes d'acide borique environ à la température ordinaire et 50 ou 60 grammes à 100° : une solution bouillante contenant 60 grammes de cet acide en laissera déposer 20 grammes en se refroidissant.

Je dois encore faire remarquer aux débutants que

les extraits de plantes et les teintures s'incorporent
bien aux potions en général, aux potions gommeuses
en particulier ; mais extraits et teintures laissent
précipiter le principe actif, quand ils sont mélangés
à des potions trop aqueuses.

Exemple :

℞ Teinture ou extrait de quinquina........   5 gram.
  Teinture de cannelle....................   10   —
  Eau.....................................   100   —
  Sirop simple............................   50   —

Dans une potion ainsi formulée, le quinquina serait
précipité, et la préparation aurait un vilain aspect
trouble, avec dépôt. Ayez soin d'ajouter une certaine
quantité d'alcool pour maintenir le principe actif
dissous.

Exemple :

℞ Teinture ou extrait de quinquina........   5 gram.
  Teinture de cannelle....................   10   —
  Alcoolat de mélisse (1).................   30   —
  Malaga..................................   50   —
  Eau de cannelle.........................   50   —
  Sirop simple............................   40   —

Certains principes solubles ou d'un goût trop

(1) Toutes les préparations alcooliques ou vins alcoolisés,
rhum, chartreuse, marsala, malaga, anisette, etc., pourraient
remplacer ici l'alcoolat de mélisse.

désagréable devront être de préférence administrés
en cachets ; je citerai :

> Les sels de bismuth.
>   —   quinine.
> Antipyrine. Exalgine. Phénacétine. Pyramidor. Aspirine.
> Sulfonal. Trional.
> Naphtol. Benzonaphtol. Salol.
> Craie préparée. Magnésie. Rhubarbe.

Le kermès et l'oxyde blanc d'antimoine, d'un usage
fréquent comme expectorants, sels également insolubles, sont administrés dans des potions gommeuses,
les *juleps*, ou des émulsions, les *loochs*, qui tiennent
en suspension les sels médicamenteux.

Exemples :

℥ Oxyde blanc d'antimoine............... 6 gr. »
   Sirop du Codex......................... 50   ».
   Extrait d'opium. 0   05
   Looch blanc du Codex.............. 150   »

℥ Kermès........................... 0 gr. 30
   Extrait de belladone...... 0   05
   Sirop d'aconit... 50   »
   Looch blanc du Codex............... 125   »

Il faut également savoir que l'ipéca en poudre doit
être administré dans un sirop, plus particulièrement
le sirop d'ipéca, ou en paquet ; on peut l'associer à
l'émétique pour augmenter la puissance vomitive :

Exemple :

℞ Émétique	0 gr. 05	
Ipéca pulvérisé	1	50
Sirop d'ipéca	50	»
Eau	40	»

Dujardin-Beaumetz donne la formule suivante :

℞ Émétique		0 gr. 05	
Ipéca pulvérisé		1	50
Oxymel scillitique	} ãã	15	»
Sirop d'ipéca			
Eau		50	»

Le naphtol et le salol présentent une particularité très curieuse : l'un et l'autre chauffés en vase clos, avec du camphre, donnent des mélanges nouveaux, le naphtol camphré et le salol camphré, qui sont liquides et peuvent être, ce en quoi ils sont très précieux, injectés dans des cavités suppurantes ou des plaies anfractueuses.

On peut employer ces nouveaux corps, seuls ou associés à certaines substances telles que l'iode, les huiles, la cocaïne.

Exemples :

Naphtol camphré iodé.

℞ Naphtol B camphré	9 gr.
Iode	1

Naphtol camphré cocaïné.

℞ Naphtol B camphré..... .... 20 gr.
Chlorhydrate de cocaïne................. 1
M. s. a.

Solution huileuse de naphtol camphré.

℞ Naphtol camphré....................... 1 gr.
Huile d'amandes douces stérilisée. 20

Dans les cas douteux, le praticien pourra consulter avec fruit le tableau ci-dessous que j'emprunte au livre de P. Yvon, déjà cité plus haut :

NOMS	UNE PARTIE EST SOLUBLE DANS				
	Eau	Alcool	Éther	Chloroforme	Glycérine
Acétate de morphine.	très soluble.	très soluble.		60	5
— de plomb....	1.7	8			5
— de potasse ...	déliquescent.	soluble.			très soluble.
— de soude.....	3	8			
Acétone..........	toutes proport.	toutes proport.			toutes proport.
Acide arsénieux.....	80	141			5
— benzoïque	400	2.5	3.5		10
— borique.......	25	16			8
— chromique....	déliquescent.	Incompat. : décompose véhicule avec explosion.			
— citrique......	1	2	4.5		toutes proport.
— phénique.....	17	toutes proport.	toutes proport.		très soluble.
— picrique.....	90	soluble.	soluble.		soluble.
— pyrogallique..	2.50	très soluble.	très soluble.		très soluble.
— salicylique....	500	2.5	2		
— tartrique	1	2.50			toutes proport·
— valérianique..	35	toutes proport.			
Acotinine..........		soluble.	soluble.	très soluble.	
Apomorphine......	soluble.	soluble.	soluble.	comp. soluble.	soluble.
Arséniate ferreux ...	insoluble.	insoluble.	insoluble.	insoluble.	insoluble.
— de potasse	très soluble.	insoluble.			
— soude....	4	60			2
Atropine...........	500	8	60		
Azotate d'aconitine ..	très soluble.	soluble.			
— d'argent.....	1	10			toutes proport.

NOMS	Eau	Alcool	Éther	Chloroforme	Glycérine
—(sous) de bismuth	insoluble.	insoluble.	insoluble.	insoluble.	insoluble.
— de potasse ...	4	tr. peu soluble.			
— de pilocarpine	8	peu soluble.			soluble.
— de soude.....	1.50	peu soluble.			25
— de strychnine	90	60		15	
Benzoate de chaux ..	20	soluble.			
— de lithine..	3.5	16			
— de soude...	très soluble.	peu soluble.			
Borate de soude.....	22	insoluble.			
Brome............	32	soluble.	très soluble.	soluble.	toutes proport.
Bromhydr. d'ammon.	très soluble.				
— de cicutine	2	2			
— de morphine .	25				
— de quinine bas	60	soluble.			
— — neutre	7	très soluble.			
Bromure ferreux....	très soluble.				très soluble.
— lithium...	déliquescent.				très soluble.
— de potassium	1.6	peu soluble.	insoluble.		4
— de sodium..	1 environ.	soluble.			très soluble.
Brucine...........	850	très soluble.			45
Caféine...........	100	25	300	10	
Cantharidine.......	insoluble à l'état pur.	peu soluble.	soluble.	soluble.	insoluble.
Carbonate d'ammon.	3.6	insoluble.	insoluble.		
— de potasse.. (Bi)	4				
— de soude)... (Bi)	13				12.50
Chloral (hydrate de).	0 25	très soluble.	très soluble.	très soluble.	
Chlorate de potasse..	3	peu soluble.			30
— de soude...	17				5
Chlorhydr. d'ammon.	3	9			5
— d'apomorphine.	soluble.				
— de morphine...	20	50			
— de pilocarpine..	très soluble.	soluble.			
— de quinine (bas).	25	3		10	soluble.
— — (neutre).	9	très soluble.			soluble.

NOMS	UNE PARTIE EST SOLUBLE DANS				
	Eau	Alcool	Éther	Chloroforme	Glycérine
Chloroforme........	100	très soluble.	très soluble.	....	insoluble.
Chlorure de fer. (Per).	2	4	4		
— — (Proto)	soluble.				
Chlor. de mercure(Bi)	15	4	4	....	15
— de potassium..	3				
— de sodium) ...	3				
— de zinc......	très soluble.	très soluble.			
Chlor. de potasse. (Bi,	10				
Cicutine..........	peu soluble	soluble.	soluble.		
Cinchonine........	à peine soluble	140	371	350	
Citrate de fer ammon.	soluble.	insoluble.			
Codéine	60	très soluble.	très soluble.		
Créosote..........	300-400	soluble.	soluble.	....	soluble.
Cyanure mercurique.	8	20	....	....	4
— de potassium	très soluble.	83	....	....	3 12
Digitaline.........	insoluble.	soluble.	insoluble.	soluble.	
Ether acétique.....	14	soluble.	soluble.		
— bromhydrique	insoluble.	soluble.	soluble.		
— iodhydrique..	insoluble.	soluble.	soluble.		
— officinal. (sulf).	9	soluble.	....	insoluble.	insoluble.
Glycérine..........	soluble.	soluble.	insoluble.		
Glycérine de soude..	soluble.	insoluble.			
Hyoscyamine......	soluble.	....	soluble.	soluble.	
Hypophos. de chaux.	6	soluble.			
— de soude.	2	15			
Iodure d'ammon....	très soluble.	très soluble.	insoluble.		
— de fer.......	très soluble.	très soluble.			
— mercurique..	tr. peu soluble.	soluble.	soluble.		2.50
— de potassium.	6.8	18	....	....	
— de sodium...	très soluble.	soluble.			
Lactate de chaux..	9.5				6
— de fer.....	50	soluble.	....	....	
— de quinine(Bi).	12	très soluble.	tr. peu soluble.		
— — (neutre).	3				
— zinc........	58				
Mannite...........	7	peu soluble.	peu soluble.	peu soluble.	peu soluble.
Morphine (cristall.)	1000	40	insoluble.		
Narcéine..........	1285	....			
Permangan. de potasse.	15				
Phosphate de potasse.	4	insoluble.			
— de soude..	4	insoluble.			
Pilocarpine........	soluble.	très soluble.	....	très soluble.	
Pyroph. de fer cit.am.	très soluble.				
— — et de soude	très soluble.				
Quinine hydraté	peu soluble.	soluble.	soluble.		
Salicine..........	soluble.	sol. (alcool bouill).	insoluble.		
Salicylate d'atropine.					
— d'érésine)..	150	22			
— de quinine (Bas).	900				
— — (neutre).					
— de bismuth....	presq. insoluble.				
Santonine.........	300	40	70	5	
Strychnine........	700	100	presq. insoluble.	très soluble.	
Sulfate d'alumine...	très soluble.	insoluble.	insoluble.		
— — et de potasse	10.5	soluble.	peu soluble.		
— d'atropine ...	très soluble.	insoluble.	insoluble.		
— de cuivre....	4	insoluble.	insoluble.		3.33
— ferreux.....	2	insoluble.	insoluble.	insoluble.	4
— de magnésie..	soluble.	insoluble.			
— de manganèse	1	peu soluble.			
—de morph.(neutre)	32	peu soluble.	insoluble.		
— de potasse....	10.5	insoluble.	insoluble.		

NOMS	UNE PARTIE EST SOLUBLE DANS				
	Eau	Alcool	Éther	Chloroforme	Glycérine
Sulfate de quin.(Bas).	peu solub. (680)	17	peu soluble.		
— — (neutre).	11	très soluble.			
— de soude........	3	insoluble.	....	....	1
— de strychnine..	10	75			
— de zinc........	0.74	insoluble.			
— de carbone	tr. peu soluble.	soluble.	soluble.		
—de potassium(Tri)	très soluble	très soluble.			
—de sodium(Mono)	très soluble.	très soluble.			
Tannate de quinine.	peu soluble.	peu soluble.			
Tannin....	très soluble.	très soluble.	soluble.		
Tart. d'ant. et de pot. (émétique)........	14	insoluble.	insoluble.	insoluble.	19
Tart. d'ant. bor. pot. (cristaux de)......	soluble.	insoluble.	insoluble.		
Tart. d'ant. bor. pot. (cristaux de)......	250	presq. insoluble.	insoluble.		
Tart.d'ant.pot.(neut.)	4	peu soluble.			
— pot. et de fer.	soluble.	insoluble.			
— — et de soude. (sel de Seignetes).	1.2	insoluble.			
Thymol	peu solub. (500)	soluble.	soluble.		
Valérianate d'amm..	très soluble.	très soluble.	très soluble.		
— d'atropine.	très soluble.	soluble.	peu soluble.		
— de quinine	110	39.6			
— de zinc ...	50	18	tr. peu soluble.		
Vaniline............	10	très soluble.	très soluble.	très soluble.	
Vératrine..........	insolub.1 à 100°	soluble.	6.06	1.72	100

Ce tableau, à notre avis, a les avantages et les inconvénients d'une table ou d'un dictionnaire, dont les détails sont impossibles à se fixer dans l'esprit tant ils sont nombreux. En pratique, sauf pour des cas tout à fait exceptionnels que nous avons signalés, les véhicules dont on se sert, dans les potions, pour dissoudre les corps solides sont le plus habituellement l'eau et l'alcool (vin, élixir, etc.). Ce sont donc les coefficients de solubilité des médicaments dans ces deux liquides que nous devons avoir particulièrement présents à la mémoire. Nous avons dressé un tableau dans lequel nous indiquons les solubilités des principaux médicaments par rapport à l'alcool et à l'eau, avec les coefficients approximatifs de solubilité, d'une façon graphique qui, nous l'espérons, frappera mieux les yeux et l'esprit du lecteur.

Il ressortira de l'examen de ce tableau la conclusion pratique suivante que beaucoup de corps sont solubles dans l'eau ou l'alcool, et que très peu sont insolubles dans ces deux véhicules ordinaires.

Tableau de la solubilité des médicaments dans l'eau et l'alcool (1)

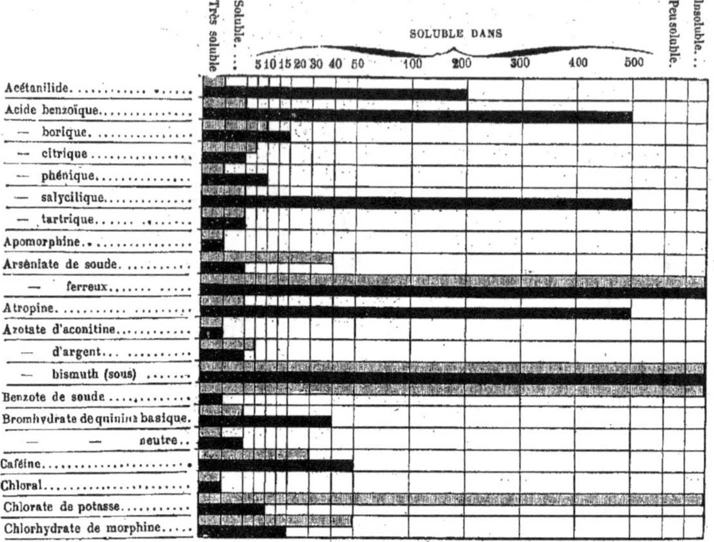

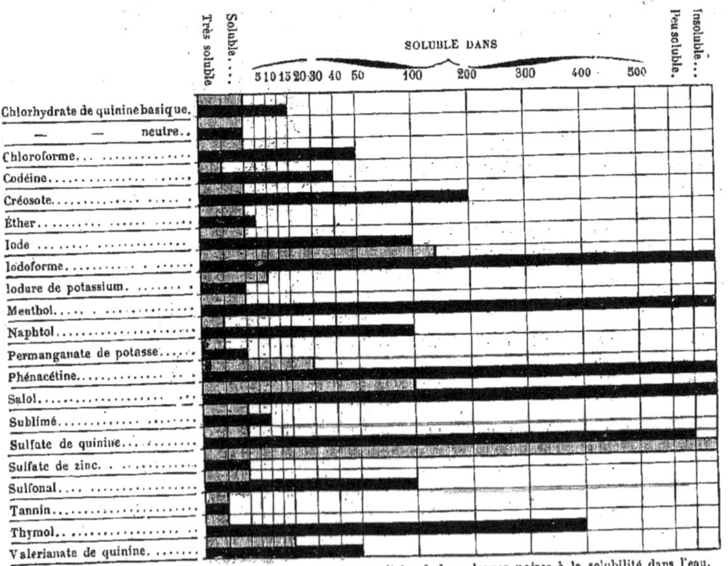

(1) Les colonnes grisées se rapportent à la solubilité dans l'alcool, les colonnes noires à la solubilité dans l'eau.

CHAPITRE VI

Des différentes préparations pharmaceutiques

SOMMAIRE. — La potion. — Préparation courante et commune. — Les cachets. — Liste des médicaments principaux à employer en cachets. — De la forme pilulaire. — Liste des principales substances à employer en pilules. Les gargarismes. — Les collutoires. — Les liniments. — Les pommades. — Les poudres composées. — Les tisanes et les sirops. — Les bains médicamenteux.

Pour les praticiens rompus à toutes les difficultés de la thérapeutique quotidienne, il peut paraître singulier de poser seulement la question du choix judicieux des différentes préparations pharmaceutiques pour l'administration du médicament. Malheureusement on ne s'improvise pas thérapeute si aisément et les débuts dans la pratique sont hérissés de difficultés surtout pour les détails qui vont nous préoccuper.

La forme d'administration des médicaments la plus banale est la potion. Une substance active est dissoute dans un liquide, généralement une eau médicamenteuse, un hydrolat (eau de menthe, eau de fleur d'oranger, eau de mélisse, suivant les indications) et on ajoute un sirop pour masquer le mauvais goût du médicament (sirop d'écorces d'oranges amères pour masquer la saveur désagréable du bromure de potassium). L'administration de cette potion sera prescrite par cuillerée à soupe, suivant les doses, à faire prendre par heure ou toutes les deux ou trois heures.

En *règle générale*, se prescrivent en potion les teintures, les sirops, les hydrolats, les essences, quelquefois les extraits, parfois les sels insolubles et les poudres, toujours les sels solubles.

Pour les poudres, les extraits, les sels insolubles, nous verrons plus loin qu'il est préférable de choisir une autre forme médicamenteuse.

D'après ce principe, il est bien peu de médicaments que le médecin ne puisse administrer sous la forme de potion magistrale : quelques artifices de préparation permettent, en effet, de vaincre l'obstacle que créent le mauvais goût ou l'insolubilité de la substance active : avec du sirop on masque le mauvais goût ; dans des potions gommeuses on laisse en suspension les poudres insolubles.

℞ Sulfate de quinine................ 2 grammes.
   Acide citrique Q. S. pour dissoudre.
   Infusion de café noir.............. 100 —
   Sirop de punch.................... 200 —

Ici, on arrive à masquer quelque peu l'amertume très grande de la quinine par le café et à aromatiser avec le sirop de punch.

Potion :

℞ Sous-nitrate de bismuth............ 10 grammes.
   Julep gommeux .... 150 —
   Eau de chaux.......... .... 100 —

Le sous-nitrate de bismuth insoluble est tenu assez facilement en suspension dans cette potion gommeuse. Il en sera de même pour :

Kermès ou oxyde blanc d'antimoine.
Sirop de gomme.
Eau fleurs d'oranger.

Toutes les fois que cela sera possible, il restera préférable d'administrer les substances insolubles ou douées d'une saveur trop répugnante en cachets.

Je donne ici une liste des principaux médicaments qui doivent être administrés en cachets, avec leur dose et leur indication :

MÉDICAMENTS	DOSE		INDICATIONS PRINCIPALES.
	pour une prise	pro die maxima.	
Acétanilide............	0.30	1.50	Névralgie. Fièvre.
Antipyrine	1	8	Névralgie. »
Bicarbonate de soude .	1	12 ou 15	Dyspepsie.
Calomel...............	0.10	1	Purgatif. Vermifuge.
Dower (poudre de)....	0.50	4	Diurétique. Expectorant.
Cryogénine...........	0.80	1.50	Fièvre.
Naphtols.............	0.25	3	Antiseptiques intestinaux.
Méthylène (Bleu de)...	0.50	2	Fièvre. Affections du rein.
Noix vomique (poudre)	0.10	0.30	Eupeptique.
Phénacétine	0.50	2	Névralgies.
Pyramidon...........	0.30	1.50	Fièvre. Névralgie.
Sabine	0.50	2	Emménagogue.

MÉDICAMENTS	DOSE		INDICATIONS
	pour une prise	pro die maxima.	PRINCIPALES.
Salol................	1	8	Antisepsie intesti-nale.
Salicylate de soude...	1	6	Antirhumatismal.
Salicylique (acide)....	1	4	»
Sulfonal.............	1	3	Hypnotique.
Sels de quinine.......	0.50 ou 1	3	Antipaludéens.
Santonine............	0.10	0 50	Vermifuge.
Valérianate de zinc....	0.05	0.15	Antispasmodique.
Véronal..............	0.25	1.50	Hypnotique......

Quelques associations peuvent donner lieu, en cachets, à des masses déliquescentes qu'il faut éviter.

Salol....................⎱ Camphre.................⎰	Mélange déliquescent.	
Antipyrine................⎱ Salicylate de soude.........⎰	id.	id.
Sulfonal (1)..............⎱ Hydrate de chloral.........⎰	id.	id.

Les différents modules usités pour les cachets permettent de varier les doses des cachets ; on peut formuler :

℞ Antipyrine.................................. 0.50
  Phénacétine................................ 0.25
  Exalgine................................... 0.25
Pour un cachet.

(1) Pour cette dernière association, très heureuse au point de vue therapeutique, on peut, à cause de son efficacité même, diminuer la déliquescence en ajoutant une poudre inerte, telle que le lycopode ou l'amidon.

Le cachet sera de 1 gramme. De même on peut prescrire 1 gramme de sulfate de quinine en un cachet.

Pour les enfants on peut prescrire de très petits cachets. Par exemple, pour rechercher un effet purgatif et vermifuge.

℞ Calomel................ ....⎱
    Santonine...................⎰ àà 0 gr. 05 cent.

Ou encore comme fébrifuge :

℞ Antipyrine....................... 0.50 ou 0.25
Pour un cachet.

Il est de règle de ne pas dépasser 1 gramme par cachet.

* *
*

La plupart des médicaments prescrits en cachets peuvent être ordonnés aux malades sous la forme pilulaire, qui, cependant, est plus généralement réservée aux poudres (prescrites sous petites doses) et aux extraits.

Le poids de la pilule, en pratique, varie de 0 gr. 05 à 0 gr. 25 ou 0 gr. 30. Au-dessous de 0,01 centigramme on a recours aux granules, dont nous parlerons plus tard, et au-dessus de 0 gr. 30 aux bols.

La confection de la pilule exige quelques précautions essentielles :

La substance active doit être mélangée à un excipient qui est presque toujours un *extrait* banal ou *actif*.

Les *extraits actifs* le plus généralement employés sous la forme pilulaire, sont :

Extrait d'opium.
    — de belladone.
    — de jusquiame.
    — de chanvre indien.
    — de quinquina.

A ces extraits actifs on ajoute, pour solidifier, des poudres inertes ou des extraits banals.

Pour une pilule :

℞ Extrait de belladone............ ⎱
    — de jusquiame............ ⎰ ââ 0 gr. 01
Poudre de réglisse ou de guimauve
  ou de lycopode. .... q. s.

Les extraits dépourvus d'action médicamenteuse qu'on emploie fréquemment sont l'extrait de réglisse et l'extrait de pissenlit, connu sous le nom de taraxacum.

A ces extraits actifs d'une plante peut être jointe la poudre (moins active) de la même plante.

Pour une pilule :

℞ Extrait de belladone. .... 0 gr. 02
Poudre de belladone.................... 0 gr. 08
Poudre de réglisse.................... 0 gr. 03

De même une poudre d'un sel insoluble devra être mélangée à un extrait pour former une pâte homogène assez dense pour être divisée en pilules.

Pour une pilule :

℞ Extrait de quinquina........ .... 0 gr. 15
  Sulfate de quinine....................... 0 gr. 10

℞ Proto-iodure de mercure. .... 0 gr. 05
  Extrait d'opium.......................... 0 gr. 03

Je me suis toujours très bien trouvé de la méthode qui consiste à formuler les doses pour une seule pilule. Ce système a l'avantage de moins exposer à l'erreur : la formule pour dix, quinze ou vingt pilules est certainement plus rapide, mais plus difficile, et une faute d'inattention est plus aisée à commettre.

A moins d'indication toute spéciale, il est inutile de faire recouvrir d'argent les pilules prescrites magistralement.

Les pilules peuvent être formulées enrobées de poudre de lycopode ou de réglisse. Elles peuvent être encore *toluisées* avec le mélange suivant :

Baume de tolu.......................... 1 gr. 20
Sandaraque............................. 2 gr. 50
Éther.................................. 25 gr. »

Parfois, on désire que l'action de la substance principale de la pilule ne se produise que dans l'intestin. En ce cas, on les entoure de *kératine* ou de *salol,* substances qui ne peuvent se dissoudre que dans les milieux alcalins et ne sont pas attaquées par le suc gastrique.

Dans le commerce, on trouve des pilules dragéifiées, c'est-à-dire enduites d'une couche de sucre blanc ou coloré. De plus, pour éviter les erreurs, certains industriels ont eu l'ingénieuse idée d'inscrire sur l'enveloppe de la pilule le nom de la substance active qu'elle contient.

Dans le tableau suivant on trouvera les principales substances à ordonner en pilules :

MÉDICAMENTS	DOSES		INDICATIONS
	par pilule	en 24 h. maxima.	
—	—	—	—
Belladone (extrait).......	0.02	0.15	Calmant.
— (poudre).......	»	»	»
Bichlorure de mercure...	0.02	0.06	Antisyphilitique.
Caféine.................	0.15	1	Cardiaque.
Iodoforme.	0.05	1	Antiseptique.
Créosote................	0.15	1.50	Antibacillaire (tuberculose).
Iodol....................	0.10	0.60	Antiseptique.
Proto-iodure de mercure .	0.01	0.10	Antisyphilitique.
Jusquiame (extrait)	0.05	0.30	Antispasmodique, calmant.
Chanvre indien..........	0.01	0.12	Antispasmodique, calmant.
Muguet (extrait)	0.20	2	Cardiaque.
Extrait noix vomique....	0.02	0.12	Apéritif.
Opium pulvérisé........	0.10	0.60	Calmant.
— (extrait)...........	0.01	0.30	»
Scille —	0.02	0.20	Diurétique.
Spartéine (sulfate).......	0.01	0.15	Cardiaque.
Pelletiérine (tannate).....	0.05	0.40	Tœnifuge.

Quand le jeune praticien sait déjà suffisamment bien formuler ses potions, pilules ou cachets, on peut dire qu'il a surmonté les plus grosses difficultés de la thérapeutique appliquée, à condition qu'il sache la posologie exacte et qu'il évite les incompatibilités. Toutefois, il ne faudrait pas croire que l'arsenal thérapeutique ne contient pas d'autres armes efficaces. Le jeune praticien tirera le plus grand profit des connaissances plus complètes qu'il pourra acquérir : il ne doit pas ignorer comment se formulent :

    a) *les gargarismes*,
    b) *les collutoires*,
    c) *les liniments*,
    d) *les pommades*,
    e) *certaines poudres composées*.
    f) *les tisanes*.

Quant aux lavements, suppositoires, solutions pour injections hypodermiques, frictions, nous en parlerons en détail dans le chapitre traitant des différentes voies d'absorption.

Il ne doit pas non plus négliger l'étude des hydrolats, tisanes, infusions, sirops divers dont il connaîtra l'action et dont le maniement lui sera très précieux pour varier la rédaction de ses formules.

a) *Gargarisme*. — Tout débutant sait que le gargarisme est destiné à l'intervention médicamenteuse sur les muqueuses buccale ou pharyngienne (l'action sur le pharynx et le larynx est problématique). Dans le principe, il suffira de se servir de trois ou quatre substances dont l'action est sûre.

Je veux parler du borate de soude, de l'alun, du chlorate de potasse, sels solubles qu'on incorpore à un véhicule liquide.

    ℞ Borax (alun ou chlorate de potasse).......   10 gr.
      Miel rosat. ....   50 —
      Infusion de feuilles de roses .... 200 —

ou encore :

    ℞ Alun...........................   10 grammes.
      Infusion de pavots............... 200   —
      Mellite de roses..................   50   —
      Sirop de mûres................... 100   —
      Laudanum. .... XX gouttes.

Généralement, on recherche avec le gargarisme un effet astringent ou calmant, et même les deux à la fois. Il est de bonne thérapeutique d'assurer l'action antiseptique :

    ℞ Acide borique......................   25 gr.
      Chlorate de potasse....................   10 —
      Acide phénique.......................   1 —
      Eau bouillante........................ 250 —
      Miel..............................   50 —

Le miel, le sirop de mûres sont des adoucissants précieux. L'infusion de pavots et le laudanum sont donnés à titre de sédatifs de la douleur. L'hydrate de chloral, la cocaïne rendent dans cet ordre d'idées de grands services.

    ℞ Hydrate de chloral. ....   1 gr.
        (ou cocaïne 0,15)
      Miel ....   50 —
      Solution boriquée à 3 p. 100 ....   300 —

ou encore :

    ℞ Acide salicylique.....................   0 gr. 50
      Borate de soude (pour solubiliser) .....   5 —
      Miel...................................   50 —
      Infusion de feuilles de ronce q. s. pour. 250 —

b) *Collutoires*. — Ce sont des médicaments contenus, généralement, en suspension dans du miel ou de la glycérine et destinés à être portés sur la muqueuse malade à l'aide d'un pinceau ou d'un tampon de ouate hydrophile. Les collutoires ont perdu de leur valeur depuis la découverte de la sérothérapie de la diphtérie. Toutefois, même dans les angines simples, on peut encore avoir recours avec succès à ce genre d'intervention ; quelques formules doivent être connues, par exemple celle de Soulez (de Romorantin) fréquemment employée :

    ℞ Acide phénique pur.....................   5 gr.
      Camphre........................ ....   20 —
      Huile d'olive...........................   50 —

On peut encore prescrire :

    ℞ Acide phénique.........................   5 gr.
      Alcool à 90°............................   10 —
      Camphre...............................   20 —
      Glycérine pure ....   25 —

ou bien :

    ℞ Résorcine...................,............... 2 gr.
      Borate de soude......................... 2 —
      Glycérine................................. 20 —
      Eau de menthe q. s. pour......... 30 cent. cubes

ou encore :

    ℞ Acide salicylique. .... 5 gr.
      Teinture d'eucalyptus............. .. .. 2 —
      Glycérine q. s. pour.............. 30 cent. cubes

Dans ces différentes formules, on pourrait remplacer l'acide phénique par l'acide salicylique, l'alun, le chlorate de potasse, le menthol, le borax, le dermatol, l'orthoforme, le diiodoforme, etc.

c) *Les liniments.* — Vous serez très souvent sollicité, au début, dans votre clientèle, par un malade désirant un *baume* capable de diminuer topiquement une douleur locale, névralgique ou autre. On vous demandera un soulagement immédiat. Gardez-vous de prescrire l'alcool camphré ou le baume tranquille ! le malade s'écrierait : Bien la peine de payer pour si peu une visite de médecin ; j'en savais autant que lui !

Il est donc nécessaire de faire une ordonnance et de composer une formule.

Le chloroforme, le laudanum, l'éther, le gaïacol, la morphine, la cocaïne, l'orthoforme, le salicylate de méthyle, peuvent entrer dans la composition de ces formules et répondre aux diverses indications qu'on a à remplir.

Trois baumes, peu connus du public, ont de par les médicaments qu'ils contiennent une valeur thérapeutique très sérieuse et seront employés presque toujours avec succès ; je veux parler du baume de Fioraventi, du baume Opodeldoch, du baume de Rosen. Ces liniments peuvent être indiqués sur l'ordonnance, sans plus de détails et sauver le praticien embarrassé par un défaut de mémoire. De plus, ils serviront très facilement de véhicule à des matières plus actives.

℞ Laudanum. ....   5 gr.
   Chloroforme............................   10 —
   Baume de Rosen............... ....   90 —

℞ Salicylate de méthyle....................   50 gr.
   Baume de Fioraventi ....   70 —

℞ Gaïacol synthétique.....................   5 gr.
   Ether...................................   25 —
   Baume Opodeldoch ....   100 —

On trouvera des détails plus complets sur les formules des liniments dans le chapitre consacré aux exercices formulaires. Dans la pratique, on emploie presque indifféremment le terme de *baume* ou celui de liniment.

d) *Pommades*. — Abstenez-vous de prescrire banalement de la pommade camphrée ou de la vaseline boriquée.

Aujourd'hui, la lanoline, la vaseline, l'onguent mercuriel, l'axonge benzoïnée, le rétinol sont les principaux véhicules des pommades auxquels on incorpore les substances thérapeutiques les plus diverses.

Dans les traités de thérapeutique, on trouve des classifications très ingénieuses des différentes pommades suivant le véhicule employé : ici, nous ne considérerons qu'un côté plus pratique et plus terre à terre : le besoin de la médecine courante.

A la vaseline et à la lanoline peuvent s'incorporer des quantités innombrables de médicaments et ces pommades ont le précieux avantage de ne pas rancir.

℞ Vaseline boriquée à 3 0/0............. ....   40 gr.
   Oxyde de zinc...........................   4 —

℞ Vaseline. ....   40 gr.
   Orthoforme. ....   3 —
   Gaïacol............... ....   4 —

℞ Vaseline........... ....   40 gr.
   Icthyol....................................   10 —

℞ Vaseline.............................   50 gr.
   Salicylate de méthyle....................   20 —

℞ Vaseline...............................   30 gr.
   Résorcine ....   4 —

Dans toutes ces formules, la lanoline peut être substituée à la vaseline : elle a sur cette dernière l'avantage d'être miscible à l'eau et aux solutions aqueuses, et de devenir très adhérente à la peau.

On emploie fréquemment dans les maladies de peau (psoriasis, eczéma, prurit) *l'huile de cade*. Ce produit, tiré de la distillation du tronc de génévrier, s'emploie sous forme de glycérolé cadique au 1/10.

Exemple :

℞ Glycérolé d'amidon ....   18 gr.
   Huile de cade. ....   2 —

On peut aussi y associer la pâte de zinc et formuler :

℞ Oxyde de zinc............................ 20 gr.
     Amidon .... 20 —
     Vaseline.................................⎱ ââ 20 —
     Lanoline. ....⎰
     Huile de cade...................... .... 8 —

Contre le prurit on peut ajouter à cette formule :

     0 gr. 50 de menthol.

P. Reclus prescrit pour les brûlures la pommade suivante, de formule très complexe :

℞ Sublimé.... .... 0 gr. 01
     Phénol absolu......................... 0 — 50
     Iodoforme............................. 1 —
     Salol................................. 2 —
     Antipyrine .... 2 —
     Acide borique........................ 2 —
     Orthoforme........................... 5 —
     Vaseline fondue q. s. pour 100 gr.
         F. s. a.

e) *Les poudres.* — En de fréquentes occurrences, nous sommes obligés de prescrire des poudres destinées à calmer un prurit, à modifier une surface suintante, à garantir l'asepsie des gencives et de la bouche entière, à cautériser la muqueuse nasale.

        Poudre contre le coryza :

℞ Sucre de lait....................⎱ ââ 5 gr.
     Acide citrique..................⎰
     Poudre de benjoin.............. 4 —
     Salol.......................... 2 —

Ou encore :

Chlorhydrate de cocaïne.........	0 gr. 10
Menthol...............	0 — 10
Salicylate de bismuth....	5 —
Acide borique pulvérisé.	15 —

On est assez souvent tenté d'associer à ces formules le camphre. Il faut se garder alors d'y laisser en même temps le salol ou le naphtol : ces deux corps en présence du camphre donnent lieu à un mélange déliquescent qui détériore complètement la poudre et la rend impropre à tout usage, transformée qu'elle est en un magma gluant.

Poudre dentifrice :

℞ Chlorate de potasse............. ⎫	
Craie préparée........ .... ⎬ àà 5 gr.	
Salol........................... ⎫	
Poudre de gaïac................. ⎬ àà 2 —	
Pierre ponce pulvérisée............	3 —
Essence de rose ou de menthe.......	q. s.

Autre formule :

℞ Naphtol...........................	4 gr.
Magnésie...........................	2 —
Borax............................ ...	10 —
Acide borique.	5 —
Poudre d'iris.	4 —

Autre formule :

Perborate de soude.................	5 gr.
Magnésie calcinée..................	25 —
Sucre de lait.	30 —
Pierre ponce pulvérisée............	5 —
Essence de menthe.................	XXV gouttes·
Poudre de savon................ ...	5 gr.

Poudre contre le prurit.

℞ Chlorhydrate de cocaïne............. 0 gr. 50
     —   de morphine.......... 1 —
Orthoforme........................ 5 —
Amidon .... } āā 15 —
Talc.... .... }

Poudre contre l'eczéma :

℞ Oxyde de zinc.................... 10 gr.
Amidon........................... 15 —
Acide borique .... 10 —
Acide salicylique.................. 3 —

f) *Les tisanes.* — Devons-nous de parti pris négliger ces *auxiliaires* de la thérapeutique et leur refuser toute confiance, tout crédit en ne les employant pas ? Nous avons déjà vu que les hydrolats, les eaux distillées de plantes sont d'un emploi courant dans l'architecture d'une formule magistrale et qu'ils servent fréquemment de véhicules. Les tisanes, qui jouissent d'une réputation indiscutable auprès du public peuvent nous rendre quelques services : il est donc nécessaire de ne pas abandonner ces *succédanés* des principes actifs. On saura ainsi ménager les susceptibilités de l'entourage d'un malade et user de toutes les ressources, tant minimes soient-elles, de l'art de soulager ou de guérir.

Il sera donc indispensable au jeune médecin de connaître les principales tisanes dont il peut se servir. Le tableau suivant instruira mieux que les plus longs développements. On y trouvera aussi la nomenclature des sirops qui peuvent servir à édulcorer les tisanes : sirops choisis judicieusement et qui joignent leurs effets thérapeutiques à ceux de la tisane.

Ajoutons encore qu'il faut savoir, pour répondre aux questions répétées des clients, que les tisanes se préparent de la façon suivante :

a) *Macération*. — Laisser en contact la plante dans l'eau froide (macération de gentiane, de quassia amara).

b) *Infusion*. — Jeter de l'eau bouillante sur la plante (infusion de bourrache, thé, violette, bourdaine).

c) *Décoction*. — Faire bouillir la plante avec l'eau (décoction d'orge, de racines de guimauve).

d) *Digestion*. — Faire macérer et porter ensuite le liquide à ébullition (tisane de salsepareille).

e) *Lixiviation*. — Faire macérer et bouillir, puis filtrer (tisane de racine de grenadier).

Principales espèces et leurs sirops correspondants

EFFET THÉRAPEUTIQUE	PARTIE DE LA PLANTE EMPLOYÉE.	SIROPS CORRESPONDANTS.
Espèces pectorales, béchiques.	Fleurs de mauves. — pied-de-chat. — pas-d'âne. — coquelicot. — violette. — capillaires. — lierre. — hysope.	Sirop de violette. Sirop de capillaires — de lierre. — d'hysope.
Fruits pectoraux.	Jujubes. Figues. Dattes. Raisins secs.	A édulcorer avec du miel ou sirop pectoral.
Racines sudorifiques.	Bois de gaïac. Racine de salsepareille. — de sassafras. — de réglisse.	Sirop de salsepareille

EFFET THÉRAPEUTIQUE	PARTIE DE LA PLANTE EMPLOYÉE	SIROPS CORESPONDANTS
Espèces diurétiques.	Fruits et fl. bourrache. Queues de cerises. Chiendent. Feuilles digitales. Fruit framboisier. Rhyzome et fr. fraisier. Baies genévrier. Fruits d'yèble.	Sirop de digitale. — de framboise. — de fraise.
Espèces calmantes.	Feuilles d'oranger. — de tilleul. Fleurs de mauves. — de camomille.	Sirop de fl. d'orang.
Espèces adoucissantes.	Fleurs de mauves. Rac. et feuil. guimauve Grains d'orge. Racine de réglisse.	Sirop d'orgeat. — de guimauve
Espèces digestives.	Feuilles de menthe. Graines d'anis. — de badiane. Feuilles de thé.	Sirop de menthe.
Espèces amères.	Feuilles de quassia. — gentiane. — houblon. — absinthe. — oranges amères. — colombo.	Sirop de gentiane. — d'écorce d'oranges amères.
Espèces purgatives	Feuilles de séné. Fleurs de sureau. Fruits de fenouil. Casse. Tamarin. Pruneaux. Rhubarbe. Ecorce de nerprun. Anis étoilé. Réglisse.	Sirop de séné. Sirop de tamarin. Sirop de rhubarbe — de nerprun.

*
* *

Nous terminerons ce chapitre en donnant les principales formules de bains médicamenteux :

Bain alcalin :

Carbonate de soude................ 250 gr.

Bain de Vichy :

Bicarbonate de soude.............. 500 gr.

Bain sulfureux :

Trisulfure de sodium.......... 50 à 100 gr.
Eau .... 200 —

Dissoudre à chaud et filtrer.

Bains de Barèges :

Hydrosulfate de soude cristallisé.... 60 gr.
Chlorure de sodium................ 30 —

Dissoudre dans un litre d'eau.

Bains de Pennès :

Bromure potassium................ 1 gr.
Carbonate de soude............... 300 —
　　　—　　chaux................ 1 —
Phosphate de soude............... 8 —
Sulfate de soude... .... 5 —
　　—　　d'alumine........... 1 —
　　—　　de fer.............. 3 —
Essence de lavande.............⎧
　　—　　thym................⎬ ââ 1 —
　　—　　romarin.............⎩
Teinture staphysaigre............. 50 —

Bain de tilleul :

Tilleul... .... 1 kilogr.

Bain de sel :

Sel gris...................... 1 kilogr.

Bain de sublimé :

Bichlorure de mercure............. 20 gr.
Dissoudre dans :
Alcool à 90°...................... 50 —
Ajouter :
Eau distillée..................... 200 —
Baignoire de bois ou de fonte émaillée.

Bain d'amidon :

Amidon...................... 200 à 500 —

Bain sinapisé :

Farine de moutarde............. 1 kilogr.

Pédiluve sinapisé :

Farine de moutarde.............. 150 gr.

Bain aromatique :

Espèces aromatiques............... 500 gr.
Infuser dans 10 litres d'eau bouillante pendant une heure
et filtrer.

Bain de son :

Son........................... 1 kilogr.

CHAPITRE VII

Des différentes voies d'absorption.

Il n'est pas, dans la pratique, de question plus
importante que celle du choix de la voie d'absorption
du médicament : le succès de l'intervention thérapeutique dépend tout entier de la détermination prise
par le médecin en temps opportun. Que se passera-
t-il, en effet, dans la clientèle, au lit du malade, une
fois le patient examiné, une fois le diagnostic mûre-
ment discuté et établi ? Il faudra nécessairement
s'asseoir devant une table et écrire une ordonnance.
Il incombera au médecin la grave décision du médicament à employer suivant les diverses indications
qui se présenteront.

Je suppose que votre malade soit un enfant de
5 à 6 ans, atteint de broncho-pneumonie avec fièvre
intense : votre sentiment est fait sur la nature de la
maladie ; vous désirez, autant que faire se peut,
abaisser la fièvre, diminuer la congestion des pou-

mons, combattre la dyspnée. En admettant que vous ayez décidé la famille à accepter la médication hydro-thérapique, en supposant qu'on ait assez confiance en vous pour accéder à votre désir de ne point mettre de vésicatoire, je suppose que votre pensée se soit portée sur la créosote, comme médicament de choix. Comment allez-vous la prescrire ? En capsules, en pilules, en suppositoires ?

Pour bien des raisons il sera alors préférable d'adopter l'administration par la voie rectale : les enfants avalent difficilement les capsules ou les pilules, et, de plus, la créosote n'est pas toujours sans préjudice pour l'estomac ; bien mieux vaudra don er des lavements de lait avec de la créosote et vous formulerez :

<pre>
Lait..................... de 50 à 100 grammes.
Créosote (suivant l'âge)... de X à XX gouttes.
Pour un lavement ; deux lavements par jour.
</pre>

Prenons un second exemple : un malade vient dans votre cabinet et vous avoue avoir contracté la syphilis. Il est porteur d'un chancre induré à la verge depuis quinze jours. Vous soumettez de suite votre client au traitement classique. A quelque temps de là, le même individu vient de nouveau chez vous : une roséole très caractéristique a apparu sur le corps, il existe de la céphalée nocturne intense, de violentes douleurs ostéocopes empêchant le sommeil, souvent interrompu par des élancements dans les os de la jambe, principalement au niveau des tibias. Votre énergie de thérapeute vous pousse de prime abord à augmenter la dose quotidienne des médicaments employés. Malgré cela, les symptômes ne s'amendent pas. N'allez-vous pas être forcé de changer votre manière de faire ? Ne savez-vous pas que les injections intra-musculaires de mercure donnent les meilleurs résultats dans les formes graves ou rebelles de la syphilis ? Immédiatement, vous abandonnerez la voie stomacale. Vous prescrirez les injections intra-musculaires d'huile biiodurée au centième :

> Biodure de mercure.................... 1 gr.
> Huiles d'olives stérilisée q. s. pour 100 c. c.

1 cent. cube de cette huile contient 0 gr. 01 de biiodure de mercure. 1 cent. cube en injection tous les jours ou tous les deux jours et pendant une ou deux semaines.

Ou la solution aqueuse biodurée :

> Biodure de mercure................ 0 gr. 10
> Iodure de sodium (pour solubiliser). 0   20
> Eau stérilisée q. s. pour 10 cent. cubes.

1 cent. cube de cette solution contient 1 cent. de biiodure.

Ainsi vous aurez rempli une indication précieuse en usant de la méthode hypodermique, toujours plus sûre et plus rapide que la voie stomacale.

Assurément, pour vous déterminer ainsi, vous devez connaître les circonstances dans lesquelles vous aurez à recourir à la voie hypodermique. Ne m'en rapportant qu'à ma pratique et à mon expérience personnelle je vous dirai :

Toutes les fois que vous le jugerez convenable, quand le médicament est assez soluble et asesz peu

*douloureux pour être supporté en injections, n'hé-
sitez pas, si toutefois le malade le permet, à avoir
recours à cette méthode précieuse et rigoureusement
sûre.*

Ainsi vous pouvez employer les injections intra-
musculaires de quinine et de mercure (huile biiodurée), les injections hypodermiques d'antipyrine, de
caféine, de spartéine, de digitaline, d'ergotine, de
morphine, etc., etc. (1).

Nous allons, d'ailleurs, étudier avec tous les détails
nécessaires au praticien les différentes méthodes
d'absorption : voies stomacale, rectale, hypodermique, intra-musculaire, intra-veineuse, pulmonaire,
épidermique.

*
* *

A vrai dire, la plus commune façon de prescrire
les médicaments, c'est de les faire absorber par la
bouche : on compte ainsi sur le tube digestif pour
accomplir la pénétration des médicaments dans l'or_
ganisme. La substance chimique employée se mélange
au sang, modifie les liquides vitaux, agit sur les
cellules en général et, plus particulièrement, sur
celles des émonctoires plus spéciaux qui servent à
l'élimination du médicament. Tout ce cycle est ainsi
parcouru. Pour qu'aucun obstacle n'arrête ces diverses
périodes de l'action médicamenteuse, il faut que le
corps employé soit en parfaite solution dans un

(1) Voir, plus loin, quelques formules pratiques pour
chacune de ces substances.

véhicule approprié (potion, solution), ou qu'administré en cachets ou pilules, il trouve dans l'estomac ou l'intestin des liquides capables de le dissoudre et de permettre ainsi son passage à travers la muqueuse du tube digestif.

Déjà on comprend que bien peu de substances, sauf les liquides et les corps très solubles, pourront être absorbées intégralement. La voie stomacale est donc peu sûre et imparfaite. Il serait plus rationnel de lui préférer, comme nous le verrons plus loin, la voie rectale ou hypodermique. Toutefois, dans la pratique, on s'en tient, pour beaucoup de médicaments, aux solutions, potions, cachets et pilules. Dans la majeure partie des cas, il faut avouer que cette manière de faire rend des services et réussit bien. Nous avons déjà vu dans le chapitre précédent quelles substances s'emploient plus particulièrement en potions ou solutions, en pilules ou cachets.

Les sirops, les potions, les cachets, les pilules s'administrent par la voie stomacale, cela va sans dire : ils sont destinés à être absorbés par la bouche. Ces différents artifices de préparation ne servent qu'à masquer le mauvais goût, ou à aider l'absorption d'un médicament non soluble dans les véhicules ordinairement en usage. La plupart des purgatifs destinés à porter leur action directement sur la muqueuse intestinale· s'absorbent également par la bouche. Toute substance destinée à modifier l'état des muqueuses stomacale ou intestinale, à influencer le fonctionnement du foie, du pancréas, ou de toute autre annexe importante du tube digestif, pourra sans inconvénient être administrée *per os*.

Grâce aux phénomènes de la digestion, les modificateurs thérapeutiques destinés au sang pourront être pris par la même voie si leur introduction par la voie hypodermique souffrait quelque difficulté de pratique ou de préparation. Grâce à l'élimination des médicaments par des émonctoires spéciaux, on pourra encore donner par la bouche les médicaments qui s'éliminent par les reins, les poumons, les glandes salivaires ou la peau.

Exemples : la créosote, le gaïacol, la térébenthine, le goudron, entrés dans le sang par la voie stomacale, s'éliminent en grande partie par les poumons.

Le salol, le bleu de méthylène, la térébenthine, traversent l'organisme et se retrouvent dans les urines après avoir traversé les reins.

Le chlorate de potasse, l'iodure de potassium, le mercure s'éliminent par les glandes salivaires.

La pilocarpine, l'arsenic s'éliminent par les glandes sudoripares, etc., etc.

A la longue, l'administration des médicaments par la voie stomacale est préjudiciable aux malades par l'irritation inévitable de la surface d'absorption. On l'a dit souvent : beaucoup de tuberculeux, guérissables au début, ont été frappés de dyspepsie, de gastrites ; privés d'appétit et menés à la cachexie par l'abus des médicaments ; beaucoup d'anémiques ou chlorotiques, d'enfants scrofuleux, rachitiques, ont été victimes de l'alcoolisme par l'emploi immodéré et stupide des vins toniques au quinquina, fer, pepsine, hémoglobine, etc.

Trop souvent aussi le dégoût du malade pour les

drogues prescrites est insurmontable : saveur salée
de l'iode et du brome, répugnance pour les balsamiques, amertume de la quinine ou de l'extrait de
quinquina, etc., etc.

En résumé, les inconvénients de l'absorption
stomacale sont très nombreux (iodisme, bromisme)
et ils ne sont compensés que par la nécessité absolue
d'administrer des médicaments en grande quantité,
souvent renouvelés dans une journée, en l'absence
du médecin, comme cela se présente à la campagne.

Personnellement, j'avoue toutes mes préférences
pour la voie hypodermique et chaque fois que le médecin tiendra à être sûr de la pénétration du médicament dans l'économie, il se trouvera bien de faire
lui-même une injection sous-cutanée ; mon avis, à
vrai dire, est le reflet de l'enseignement des théra-
peutes modernes qui ont préconisé les injections de
créosote, de gaïacol de mercure, d'ergotine. Les alcaloïdes, dans l'avenir, prendront tous ce chemin pour
arriver jusqu'à la cellule et influencer sa substance.

*
* *

Je ne voudrais pas oublier, à propos de l'administration des médicaments par la voie stomacale, de
parler de l'absorption rectale. Les lavements et les
suppositoires rendent dans la pratique de la médecine
des services très précieux. On sait que la muqueuse
rectale absorbe plus rapidement que la muqueuse
stomacale certains médicaments. Sous l'instigation

de mon regretté maître, Dujardin-Beaumetz, le docteur Main et moi nous avions entrepris dans le laboratoire de l'hôpital Cochin toute une série d'expériences dont le résultat a été exposé dans une communication à la Société de thérapeutique (janvier 1893)

Voici un tableau très succinct qui montre la rapidité d'absorption de la muqueuse rectale pour certains médicaments administrés en lavements ou en suppositoires.

MÉDICAMENTS	VOIE D'ABSORPTION STOMACALE	VOIE D'ABSORPTION RECTALE
Antipyrine..........	40 minutes.	30 minutes.
Iodure de potassium.	15 —	10 —
Salicylate de soude..	35 —	25 —
Bleu de méthyle.....	40 —	1 heure 15 minutes.
Salol............. .	30 —	Lente, 4 heures environ.
Térébenthine..	45 —	Résultat négatif.

De ces expériences il ressort clairement que toutes les substances en général peuvent être administrées par le rectum, les seules résines (térébenthine, santal) ne seraient pas absorbées. Nous ajoutons que tous les agents médicamenteux directement solubles passent avec une grande facilité dans l'économie : quelques-uns passent plus vite par le rectum que par la bouche.

En dehors des lavements alimentaires dont l'usage rend parfois de grands services, on emploie surtout les lavements calmants, astringents, antiseptiques, hypnotiques, créosotés, iodurés, purgatifs.

Voici quelques formules courantes :

Lavements alimentaires.

(Formule personnelle).

℞ Glycérophosphate de soude........   2 grammes.
  Teinture de kola.................   10   —
  Jaunes d'œufs........ ....   N° 2.
  Peptone liquide. ....   1 cuillerée à café.
  Malaga ou madère.................   1 v. à Bordeaux.
  Lait ou bouillon salé. ....   350 grammes.
  Laudanum......................   V gouttes.

℞ Lait.........................   250 grammes.
  Jaunes d'œufs...................   N° 2.
  Sel de cuisine..................   1 pincée.
  Vin rouge.....................   1 cuiller. à bouche

Lavement désallérant.

℞ Eau bouillie...................   250 grammes.
      (ou sérum artificiel).
  Laudanum......................   II gouttes.

CRÉOSOTE :

℞ Créosote. ....   XX gouttes.
  Lait tiède.....................   150 grammes.
  Laudanum............... .....   V gouttes.

CHLORAL :

℞ Hydrate de chloral....... .....   1 ou 2 grammes.
  Jaune d'œuf....................   N° 1.
  Lait... ....   150 grammes.

LAUDANUM :

℞ Laudanum de Sydenham.........   X à XXV gouttes.
  Infusion de guimauves..........}
      —   pavots.............} ãã 150 grammes.

PURGATIFS :

℞ Sulfate de soude. . . . .
Sulfate de magnésie. . . . . } ââ 25 grammes.
Miel de mercuriale. . . . . 50 —
Huile d'amandes douces. . . . . 40 —
Gomme arabique. . . . . 10 —
Infusion de séné. . . . . 350 —

IODURES :

℞ Iodure de potassium. . . . . 2 grammes.
Eau tiède. . . . . 200 —
Laudanum . . . . II gouttes.

BROMURES (calmants ou hypnotiques) :

℞ Bromure de potassium. . . . . 2 grammes.
Musc. . . . . 0 gr. 50.
Hydrate de chloral. . . . . 3 grammes.
Jaune d'œufs. . . . . Nº 2.
Infusion de pavot. . . . . 250 —

Les suppositoires sont aussi d'un usage courant en
médecine ; on les formule pour les adultes de la façon
suivante :

Bichlorhydrate de quinine. . . . . 1 gramme.
Beurre de cacao. . . . . 3 —

Créosote pure de hêtre. . . . . 0 gr. 50 à 1 gr.
Beurre de cacao. . . . . 3 grammes.

Extrait de belladone. . . . .
Extrait d'opium. . . . . } ââ 0 gr. 02.
Beurre de cacao. . . . . 3 grammes.

Salicylate de soude. . . . . 1 gramme.
Beurre de cacao. . . . . 3 —

Contre rhumatisme quand il y a intolérance stomacale.

Voici un tableau intéressant, où se trouvent indiqués les produits qui peuvent être incorporés au beurre de cacao.

Dosage des produits incorporés au beurre de cacao pour suppositoires.

CLASSIFICATION DE LA SUBSTANCE	MÉDICAMENTS	DOSAGE POUR CHAQUE SUPPOSITOIRE
Antiseptiques	Acide borique............	0 gr. 50
	Créosote..............	0 » 50 à 1 gr.
	Dermatol.............	1 » —
	Ichtyol..............	0 » 50
	Résorcine...	1 » —
	Salol................	0 » 50
	Sublimé.............	0 » 005
	Iodoforme............	0 » 02
Astringents	Extrait de ratanhia....	0 » 25
	Alun.................	0 » 10
	Ergotine.	0 » 25
	Tannin...............	0 » 25
Calmants	Extrait de belladone...	0 » 03
	» d'opium	0 » 03
	Camphre.............	0 » 50
	Cocaïne..............	0 » 01
	Morphine.............	0 » 01
Cautérisants	Calomel..............	0 » 25
	Chlorure de zinc.......	0 » 01
	Nitrate d'argent........	0 » 05

Injections hypodermiques.— Rapidité d'absorption, sûreté de pénétration, efficacité incontestable, suppression des supercheries naturelles aux malades et si fréquentes, suppression de tous les accidents gastro-intestinaux consécutifs à une médication ordinaire-

trop longtemps poursuivie, tels sont maintenant les avantages de la méthode hypodermique, avantages reconnus, d'ailleurs, par la majeure partie des médecins.

Les seules précautions à prendre pour rendre ce mode d'intervention thérapeutique sans dangers consécutifs, c'est l'antisepsie la plus rigoureuse. Voici le mode opératoire que je conseille :

1° Nécessité d'avoir une seringue de Pravaz facilement démontable et qu'on puisse faire bouillir, avant chaque injection, en la plaçant dans une petite casserole (facile à se procurer n'importe où) ;

2° Flambage de l'aiguille à la flamme d'une lampe à alcool ;

3° Lavage de la peau avec une solution antiseptique ou mieux avec la liqueur d'Hoffmann (alcool et éther) ; en cas d'urgence on emploiera au besoin l'eau de Cologne ;

4° Faire bouillir le liquide à injecter dans un tube à expérience (1) : on évite de cette façon d'injecter une solution non rigoureusement aseptique.

---

(1) On vend actuellement dans le commerce des comprimés qui permettent de préparer soi-même et extemporanément une solution aseptique pour injections hypodermiques : on fait dissoudre à l'eau bouillante un de ces comprimés dans un tube à expérience avec 1 cent. cube ou 2 d'eau et on laisse ensuite refroidir jusqu'à 37° environ. Il existe des comprimés de morphine, caféine, quinine, laudanum, antipyrine, ergotine, etc., etc. Ces comprimés sont le plus souvent de fabrication anglaise. La forme la plus usitée aujourd'hui en France est l'ampoule contenant les solutions titrées et stérilisées.

Les injections les plus fréquemment employées dans la thérapeutique courante sont les injections de morphine : nous donnerons plus loin les principales formules dans lesquelles entre cet alcaloïde.

Depuis quelques années on a pour la quinine substitué aux injections hypodermiques les injections intra-musculaires.

L'usage trop timide ou trop exceptionnel de ce genre d'intervention thérapeutique est regrettable : les médecins se privent ainsi d'une de leurs meilleures armes. La quinine et ses principaux sels constituent un de nos agents d'intervention les moins contestables ; leur activité est constante et dépend en grande partie du choix judicieux de la voie de pénétration dans l'économie. Avant de condamner le médicament et le déclarer impuissant dans un exemple déterminé, il faut minutieusement s'assurer si son absorption s'est correctement et complètement produite.

Aussi eût-il été désirable qu'on recourût d'une façon plus fréquente, et avec moins d'hésitation, aux injections intra-musculaires de quinine qui sont, avec les injections intra-veineuses, les moyens les plus rigoureusement certains de pénétration dans la circulation des substances employées.

Les objections habituelles faites par les médecins hostiles aux injections de quinine sont la douleur constante ; la possibilité des abcès, des escarres, et enfin et surtout la difficulté d'obtenir, avec les sels de quinine, généralement peu solubles, des solutions limpides dans lesquelles le médicament soit parfaitement dissous. Depuis quelque temps on s'est beaucoup préoccupé de ces diverses questions si intéressantes et nous verrons plus loin qu'on est parvenu à des résultats heureusement très satisfaisants.

Nous pouvons affirmer que les inconvénients des injections intra-musculaires de sels de quinine bien choisis sont très minimes, quand la technique et l'antisepsie usitées en pareil cas sont rigoureusement suivies et observées. Ils ne doivent pas empêcher le praticien de s'en servir dans *tous les cas* où il y a intérêt à abaisser d'une façon rapide et durable la température excessive d'un malade : noter ces cas, c'est établir les diverses indications des injections intra-musculaires ; elles sont plus nombreuses qu'on ne le juge communément.

La plupart des auteurs recommandent les injections de quinine dans les cas de paludisme grave (accès pernicieux). Depuis 1898, j'ai institué chez tous les paludéens le traitement par les injections : cette méthode donne les meilleurs résultats. (Thèse de Vullien, 1908. *Du traitement du paludisme et en particulier des injections intra-musculaires de quinine*).

Les injections intra-musculaires de quinine trouvent leur indication précise dans toutes les formes aiguës ou chroniques du paludisme. Ce traitement sera également très efficace chez les nouvelles accouchées, habitant dans les pays à malaria, qui sans avoir précédemment présenté de manifestation franche de paludisme, sont subitement prises, deux ou trois jours après l'accouchement, de fièvre intense.

Ces injections sont moins utiles et aujourd'hui

presque complètement abandonnées dans la fièvre typhoïde, la fièvre puerpérale, la grippe, etc.

*
* *

Bien qu'ils connaissent pertinemment l'efficacité et la haute valeur des injections intra-musculaires de quinine, dont les indications sont nombreuses même en dehors du paludisme, beaucoup de médecins hésitent à les employer parce qu'ils sont embarrassés par le choix du sel et de la préparation pharmaceutique à employer. En effet, le peu de solubilité des sels de quinine, en général, a longtemps entravé les praticiens et arrêté les progrès de cette méthode précieuse. La plupart des sels de quinine ne sont solubles que dans les milieux acides, d'où la nécessité d'adjoindre aux solutions des substances comme l'acide tartrique, l'acide chlorhydrique qui ne sont pas sans rendre les injections sous-cutanées douloureuses.

Donc, pendant longtemps on a essayé de trouver un sel de quinine facilement soluble dans l'eau, sans adjonction d'acide, et dont la teneur en quinine fût assez élevée pour être très efficace. Aujourd'hui la difficulté semble surmontée et résolue.

La solution la plus communément recommandée est la suivante :

℞ Bichlorhydrate de quinine................ 6 gr.
Eau stérilisée à l'autoclave................ 12 —

On prépare dans le commerce, des ampoules ou des tubes stérilisés d'une contenance d'un centimètre cube, qui contiennent 0 gr. 50 de sel de quinine.

Certains pharmaciens possèdent des autoclaves et stérilisent la solution qu'ils livrent au public dans des flacons à fermeture en verre automatique très pratique.

M. Laveran a préconisé l'adjonction de l'antipyrine au chlorhydrate basique de quinine pour augmenter la solubilité de ce dernier, et en rendre l'introduction sous la peau presque insensible ; sa formule est la suivante :

℞ Chlorhydrate basique de quinine........ ..   3 gr.
   Antipyrine.............................   2 —
   Eau distillée............................   6 —

Nous avons eu maintes occasions de nous servir, en Tunisie, d'un sel que les nomenclatures du Codex français ne mentionnent pas : le *bichlorure de quinine* : ce sel très soluble convient parfaitement pour l'usage en solutions hypodermiques. Les officines italiennes sont toutes pourvues de ce produit et j'ai eu fréquemment entre les mains des échantillons de ce corps qui ne ressemble en aucune façon aux autres sels de quinine. Souvent je m'étais demandé si on avait affaire à un sel nouveau ou à une spécialité pharmaceutique fabriquée en Italie. Pour être fixé définitivement, j'ai remis quelques grammes de bichlorure de quinine à mon collègue M. Rouquié, pharmacien en chef de l'hôpital civil français de Tunis, dont les recherches fort intéressantes sont résumées dans la note ci-dessous :

« De l'analyse du sel dénommé bichlorure de qui-« nine et de l'étude de ses propriétés comparativement

« aux deux chlorhydrates de quinine. Il nous est
« permis de conclure que la dénomination de bichlo-
« rure de quinine est une dénomination fausse, bien
« que ce produit soit inscrit sur les catalogues de
« produits de drogueries italiens, il ne constitue pas
« une spécialité pharmaceutique. Il y a donc là une
« erreur scientifique qu'il est intéressant de mettre
« en évidence pour éviter une confusion d'autant
« plus regrettable que déjà les sels de quinine prêtent
« à confusion, en raison de leurs dénominations
« diverses :

« Monochlorhydrate de quinine ou chlorhydrate de
« quinine basique.

« Bichlorhydrate de quinine neutre (bien qu'acide
« au tournesol). »

Quoi qu'il en soit, les deux sels qui méritent d'être
retenus pour l'emploi en injections intramusculaires
sont le bichlorhydrate et le chlorhydrosulfate de quinine. On peut juger de leur solubilité et de leur
richesse en quinine d'après le tableau suivant dressé
par le Dr Carron de la Carrière.

1 GRAMME	SOLUBLE DANS	CONTIENT
Chlorhydrosulfate de quinine	1 gr. d'eau	74,2 0/0 de quinine
Bichlorhydrate —	2 —	89,9 0/0 —
Monochlorhydrate —	25 —	81,71 0/0 —
Bromhydrate —	60 —	76,61 0/0 —
Valérianate —	110 —	76,06 0/0 —
Sulfate —	750 —	71 0/0 —

Quant au sulfovinate, dont quelques auteurs ont
recommandé l'usage, M. Carron de la Carrière ne le

fait pas figurer sur ce tableau, et cela à juste raison, parce que son introduction sous la peau est très douloureuse.

En résumé, les injections de bichlorhydrate et de chlorhydrosulfate de quinine donnent toute sécurité, et, employées avec les précautions d'usage, elles peuvent rendre les plus grands services dans bien des cas, sans crainte d'aucun accident pour le malade.

*
* *

Si nous nous sommes si longuement étendu sur les indications des injections, c'est pour montrer toute l'importance pratique de cette méthode thérapeutique qui prendra, nous en sommes persuadé, chaque jour, de plus en plus de valeur et de crédit auprès des praticiens.

Les principaux médicaments employés aujourd'hui en injections hypodermiques sont :

L'antipyrine, l'arsenic organique, sous forme de cacodylate, de méthylarsinate, la caféine, le camphre, la cocaïne, la créosote, le gaïacol, la digitaline, l'ergotine, l'eucalyptol, le cinnamate de soude (hétol), les glycérophosphates, l'acide phénique, la spartéine, le sérum artificiel.

La quinine et le biiodure de mercure sont administrés par la voie intramusculaire.

Voici pour ces diverses substances les formules les plus pratiques et les plus généralement adoptées :

ANTIPYRINE

℞ Antipyrine...................... 30 gram.
   Chlorhydrate de cocaïne.........., 0 gr. 15
   Eau stérilisée..................... 10 gram.
1 cc. contient 1 gr. d'antipyrine.

℞ Antipyrine...................... 10 gram.
   Eau distillée de laurier-cerise...... 20 —
1 cc. contient 0 gr. 50 d'antipyrine.

ARSENIC ORGANIQUE

℞ Cacodylate de soude............... 0 gr. 50
   Eau stérilisée..................... 10 cc.
1 cent. cube contient 0 gr. 05 de cacodylate.
Même formule pour le méthylarsinate de soude (arrhénal).

CAFÉINE

℞ Caféine.............. ....⎫
   Benzoate de soude............⎬ ââ 2 gr. 50
   Eau distillée................... 10 cc.

℞ Caféine.......... .... 4 gram.
   Salicylate de soude............... 3 gr. 10
   Eau stérilisée.................... 10 cc.

CAMPHRE

Camphre......................... 1 gram.
Huile d'olives stérilisée........... 10 —

COCAÏNE

S'emploie sous forme de chlorhydrate eu solution stérilisée. Les solutions fortes (1 %) sont aujourd'hui réservées à l'art dentaire. Pour anesthésie locale en petite chirurgie, P. Reclus préconise l'usage de la solution à 0,50 pour cent.

℞ Chlorhydrate de cocaïne........... 0 gr. 05
   Eau stérilisée.................... 10 cc.

On peut en injecter de 1 à 10 cc. Le malade doit être opéré couché. Il doit, au cours de l'opération, boire une infusion de café noir, et ne se relever qu'après avoir absorbé quelques aliments.

STOVAÏNE (alcaloïde de synthèse)

Succédané moderne de la cocaïne, deux fois moins toxique ; action tonique sur le cœur, et vaso-dilatatrice. S'emploie en solution stérilisée à 1 °/₀ pour anesthésie locale.

℞ Stovaïne......................... 0 gr. 10
    Eau stérilisée..................... 10 cc.
On peut injecter de 1 à 10 cc.

NIRVANINE

℞ Nirvanine......................... 4 gr.
    Eau bouillie....................... 100 —

D'après M. Braquehaye, la nirvanine présente certains avantages.

Durée de l'anesthésie : une demi-heure.

La solution à 1 p. 100 ne cultive pas (staphylocoque, streptocoque). La bactérie charbonneuse se développe dans la solution à 4 p. 100, mais sa virulence est très atténuée.

Le pouvoir anesthésique ou antiseptique n'est pas diminué par la stérilisation à 120°.

La toxicité est faible. Les doses injectées par Braquehaye sont de 50 centigr. ou un gramme quelquefois. Il n'a jamais eu d'accidents, même chez des vieillards ou des albuminuriques. L'anesthésie commence cinq minutes après l'injection.

Les contre-indications sont les cas où les tissus sont enflammés ou cicatriciels (panaris, furoncles, anthrax, cicatrices vicieuses). Les injections de nirvanine étant vaso-dilatatrices, on pare à cet inconvénient par des injections interstitiellelles d'extrait glycériné de capsule surrénale à 1 p. 100.

CRÉOSOTE

℞ Créosote officinale................. 1 gram.
   Huile stérilisée...... .... 14 —

En injecter lentement 20 grammes par heure, avec un appareil spécial : 10 à 100 grammes par jour.

GAÏACOL

℞ Gaïacol........................... 2 gr. 50
   Huile d'olives stérilisée.......... } ââ 25 cc.
   Huile de vaseline................ }

Chaque cc. renferme 0 gr. 05 de gaïacol.

℞ Gaïacol...................... .. 5 gram.
   Iodoforme...................... 1 —
   Huile d'olives stérilisée......... } ââ 50 cc.
   Vaseline stérilisée.............. }

DIGITALINE

℞ Digitaline cristallisée............. 1 milligr.
   Eau stérilisée..................... 9 gram.
   Glycérine à 30°............. .... 2 —

ERGOTINE

℞ Ergotine........................ 2 gram.
   Glycérine...................... } ââ 4 —
   Eau stérilisée.............. ..... }

℞ Ergotine........................ 2 gram.
   Glycérine...................... } ââ 5 —
   Eau de laurier-cerise.......... . }

MERCURE

Huile biiodurée.

℞ Biiodure d'hydrargyre............. 0 gr. 50
   Huile stérilisée.................. .. 50 cc.
(Injections intra-musculaires).

℞ Succinamate d'hydrargyre........ 0 gr. 20
   Eau stérilisée.................... 100 gram.

Solution aqueuse de biiodure.

℞ Biiodure de mercure............... 0 gr. 10
   Iodure de sodium pour solubiliser.. 0 — 20
   Eau stérilisée q. s. pour........... 10 cc.

Huile grise (à 40 °/₀)

(Formule de Lafay).

℞ Mercure purifié.................... 40 gram.
   Lanoline anhydre et stérilisée...... 12   —
   Vaseline blanche 13   —
   Huile de vaseline stérilisée........ 35 cc.

Injecter cinq à douze gouttes tous les huit jours. Chaque goutte équivaut à 8 ou 9 milligrammes de mercure. La seringue de Pravaz de 1 cc. contient environ quarante gouttes d'huile grise.

GLYCÉROPHOSPHATES

℞ Glycérophosphate de chaux........ 1 gram.
   Eau stérilisée..................... 10   —

Ou encore :

℞ Glycérophosphate de soude........ 2 gram.
   Eau stérilisée..................... 10 cc.

Un cent. cube contient 0 gr. 20 de glycérophosphate.

MORPHINE

℞ Chlorhydrate de morphine.........   0 gr. 10
Sulfate neutre d'atropine...........   0 — 01
Eau de laurier-cerise.............. ....   10 gram.

SPARTÉINE

℞ Sulfate neutre de spartéine.........   0 gr. 50
Eau stérilisée.....................   10 gram.

SÉRUM ARTIFICIEL DE HAYEM

℞ .Chlorure de sodium................   5 gram.
Sulfate de soude...................   10   —
Eau distillée et bouillie...........   1 litre.

SÉRUM PHYSIOLOGIQUE CHIRURGICAL

℞ Chlorure de sodium.............   7 gr. 50
Eau stérilisée...................   1000 cc.

250 à 1000 cc. en une ou plusieurs injections.

En résumé, il faut considérer la méthode hypodermique et intramusculaire comme un des plus grands progrès de la thérapeutique moderne. La sûreté et la rapidité d'action sont considérables ; toutefois en permettant aux médicaments d'être immédiatement absorbés sans passer par le foie, cette méthode expose, entre des mains inexpertes ou inhabiles, aux intoxications les plus dangereuses. En effet, les substances introduites par l'estomac ou l'intestin, quand elles sont nocives, produisent de l'intolérance du tube digestif : il y a des vomissements et de la diarrhée. Le malade et son entourage sont ainsi mis en éveil et le médecin peut encore intervenir utilement et en temps opportun.

« Il est surtout, dit Dujardin-Beaumetz, à ce propos,

« une loi thérapeutique qu'on ne doit pas oublier :
« c'est que les médicaments n'agissent thérapeuti-
« quement que lorsqu'ils sont éliminés. Lorsque cette
« élimination fait défaut, l'effet thérapeutique cesse
« pour faire place aux effets toxiques.

« Par la voie hypodermique, l'élimination intesti-
« nale ne pouvant se faire, il ne reste plus que la voie
« pulmonaire et surtout la voie rénale ; de là cette
« réserve qui ne souffre pas d'exceptions, c'est que
« lorsqu'il existe de l'insuffisance rénale, quelle qu'en
« soit là cause, il faut se montrer très réservé dans
« l'emploi des injections sous-cutanées. »

Nous croyons avec Dujardin-Beaumetz qu'il est
toujours mauvais de confier la seringue de Pravaz
aux malades ou à leur entourage : ce genre d'intervention appartient au seul médecin, bon juge de
ces indications et seul à même d'en surveiller les
effets (1).

En résumé, les injections intramusculaires bien
faites, avec toutes les précautions d'usage, n'ont
aucun inconvénient.

Quant aux méthodes d'absorption pulmonaire, elles

____

(1) Nous devons dire que dans la pratique, le médecin peut
très bien se trouver des liquides tout préparés pour injections hypodermiques, vendus en tubes scellés, par différents
industriels.

Ces tubes ont, au point de vue de l'antisepsie, un grand
avantage : ils contiennent des solutions, bien titrées et surtout stérilisées. Ils n'ont pas l'inconvénient des flacons qui,
débouchés, peuvent laisser s'introduire dans la solution toute
espèce de germe.

se restreignent aujourd'hui aux inhalations et aux fumigations. Les unes sont employées avec le chloroforme et l'éther pour obtenir l'anesthésie générale ; les autres rendent aussi quelques services dans le traitement des affections bronchiques ou pulmonaires.

Voici quelques formules pratiques de mélange pour inhalations, sans chambre ni instrumentation spéciales.

℞ Essence de térébenthine............   30 gram.
　Teinture de benjoin................   25   —
　Créosote..........................   15   —
　Essence d'eucalyptus..............   30   —
　Essence de thym....⎫
　　　　　　　　　　　⎬ āā..........   10   —
　Essence de lavande..⎭
　Alcool à 90°......................   200   —

On met une ou deux cuillerées à soupe de ce mélange dans une petite casserole d'eau bouillante, maintenue sur une lampe à alcool, recouverte d'un entonnoir en verre. Le malade aspire les vapeurs qui se dégagent de ce mélange par le tube de l'entonnoir.

Contre l'asthme, des cigarettes sont vendues, de toutes espèces, pour répondre aux mêmes besoins.

*
* *

Enfin, nous en aurons fini avec les différentes voies d'absorption des médicaments quand nous aurons parlé de l'absorption cutanée.

Les frictions mercurielles ont été longtemps les seules applications vraiment utiles de cette voie d'introduction des médicaments : leur emploi était surtout fréquent dans le traitement intensif de la syphilis. Cette thérapentique, à notre avis, sera de plus en plus délaissée chez l'adulte à mesure qu'on fera un plus habituel usage des injections intra-musculaires d'huile biiodurée, injections qui ne donnent lieu à aucune douleur, à aucune réaction locale.

Mais depuis quelque temps on a préconisé certains médicaments, le salicylate de méthyle et le gaïacol, suffisamment volatils pour que leur pénétration dans l'économie se fasse assez rapidement, à condition qu'on protège les parties badigeonnées, avec des tissus isolateurs qui empêchent le corps de s'évaporer autrement qu'en traversant le derme.

Le salicylate de méthyle est employé pur ou en solution dans l'huile ou dans la vaseline, en badigeonnage avec le pinceau ; puis on recouvre la région avec de l'ouate hydrophile, du taffetas gommé et des bandes. Au bout de peu de temps, le médicament a passé dans les urines.

Voici quelques formules pratiques où entre ce médicament :

℞ Baume tranquille......................⎞
　　—　　de Fioravanti..................⎬　P. E.
　Salicylate de méthyle.................⎠

℞ Baume tranquille.................. 100 gram.
　Salicylate de méthyle............. 20　—
　Gaïacol........................... 10　—
　Menthol .... 1　—

Pommade :

℞ Vaseline........................... 40 gram.
　Gaïacol............................ 5　—
　Salicylate de méthyle............. 20　—

Cette pommade, employée dans l'orchite, constitue un excellent traitement : la douleur et la tuméfaction diminuent rapidement.

Le salicylate de méthyle est surtout indiqué dans le rhumatisme articulaire aigu, contre lequel il agit à la fois comme topique et comme sédatif local, mais encore à titre de médicament général ; dans la sciatique, les névralgies, la phlegmatia alba dolens, les névrites des typhiques, des tuberculeux, des alcooliques ; le zona ; les douleurs fulgurantes du tabes ; les pseudo-névralgies du mal de Pott ; dans l'entorse.

Cette médication nouvelle est précieuse et les jeunes médecins auraient grand tort de ne pas se la rendre familière.

Le médecin peut être amené à agir sur des surfaces séreuses et par exemple lors d'une ponction d'hydrocèle suivie d'injection iodée.

En ce cas, après évacuation du liquide de l'hydrocèle, la solution à injecter se formule :

℞ Teinture d'iode.................... 60 gram.
   Eau...... 30   —
   Iodure de potassium............. 1   —

Grâce à l'iodure de potassium, la teinture d'iode se précipite peu dans l'eau.

CHAPITRE VIII

La révulsion

La révulsion est une méthode très utilisée en thérapeutique courante.

Les moyens physiques les plus communément employés sont :

Les applications de moutarde (sinapisme, cataplasme sinapisé, bains de pieds).

La teinture d'iode, gaïacol, huile de croton.

Les pointes de feu.

Les ventouses.

Les vésicatoires.

a) Les applications de moutarde sont faites vulgairement à l'aide de papiers spéciaux enduits de farine de moutarde, qu'il suffit d'humecter avant d'appliquer sur la région choisie. Avoir soin de ne pas prolonger trop longtemps l'application.

Les cataplasmes sinapisés peuvent être faits de deux façons, ou bien on prépare un cataplasme ordinaire de farine de lin qu'on saupoudre ensuite extérieurement de farine de moutarde ; ou bien on se sert dans sa confection de farine de moutarde seule.

La farine de moutarde est délayée dans de l'eau très chaude, sans qu'il soit nécessaire de faire bouillir, on verse le mélange sur une toile fine ou sur de la tarlatane et on plie ; l'application doit être surveillée avec soin. Le cataplasme ainsi obtenu ne doit pas demeurer plus de 30 ou 40 secondes à la même place. Si l'on n'agit pas avec prudence, on risque de déterminer une véritable brûlure ou une vésication sérieuse et profonde. Chacun connaît la façon de faire prendre un bain de pied sinapisé.

b) La teinture d'iode est d'un usage courant. Quelques détails sur son application ne sont pas inutiles. Il est préférable de se servir d'un tampon d'ouate, plutôt que d'un pinceau pour en badigeonner la peau. Éviter de recouvrir ensuite le thorax d'ouate hydrophile, cela congestionne trop le poumon. Ces recommandations sont surtout importantes quand il s'agit de jeunes enfants.

L'adjonction de gaïacol à la teinture d'iode est recommandable :

    ℞ Teinture d'iode................... 40 gram.
      Gaïacol 8   —

Effet révulsif et antithermique, le gaïacol abaissant la température en applications externes.

Chez les personnes pusillanimes et dont la peau est délicate à l'excès, on se trouvera bien d'une formule de ce genre :

    ℞ Teinture d'iode................. . 40 gram.
      Gaïacol........................ 8   —
      Chloroforme.................... 20   —
      Menthol........................ 0 gr. 50.
        M. s. a.

L'huile de croton est actuellement beaucoup moins employée : elle détermine des éruptions et des démangeaisons très désagréables.

c) Les pointes de feu sont aujourd'hui une médication révulsive commune.

On se sert surtout du thermo-cautère de Paquelin. Les cautères employés sont de différentes formes suivant la destination et l'usage qu'on se propose.

Il est toujours bon de faire attention de n'actionner la soufflerie que quand le platine chauffé à une lampe à alcool a été déjà porté au rouge.

Sur le tégument externe, on *ponctue* ou on *raye* plus ou moins profondément, suivant l'effet recherché.

Dans le traitement du chancre mou, en particulier, on use du gros cautère en forme de champignon pour obtenir de la chaleur rayonnante. Le cautère porté au rouge cerise est maintenu pendant un certain temps à quelque distance de la plaie. Il faut que les séances ne soient pas douloureuses pour le malade.

d) Les ventouses peuvent être placées de deux façons différentes : ou bien avec des verres spéciaux, dits *verres à ventouses*, ou simplement avec des verres de cuisine ordinaires, sans pied, à rebords épais.

Elles sont dites *ventouses ordinaires* ou *sèches*, quand on se contente de rechercher la simple révulsion, et *scarifiées*, quand on pratique en même temps la dérivation, en faisant à l'aide d'un bistouri ou d'un *scarificateur* spécial une saignée locale.

Dans la pratique courante, pour mettre des ventouses dans le dos ou sur la poitrine, on fait asseoir au préalable, le patient dans son lit, puis allumant une bougie, on flambe du papier ou de la ouate qu'on introduit dans le verre à ventouse et on place rapidement le tout sur le thorax, en ayant soin que les bords s'appliquent bien et complètement sur la peau. Pour enlever la ventouse on déprime légèrement la peau, sur un point de la circonférence du verre, l'air rentre et la ventouse se détache.

Pour la ventouse scarifiée même technique, avec l'incision en plus de là peau, faite au bistouri ou au scarificateur. Quand la saignée est jugée suffisante, enlever la ventouse. Soins d'asepsie de rigueur.

e) Les vésicatoires cantharidiens sont aujourd'hui de plus en plus abandonnés. Leurs inconvénients : cystite, néphrite, plaies sales et douloureuses, sont trop grands.

Dans le cas où, cependant, on se déciderait pour ce genre de révulsion, je suis formellement d'avis qu'on proscrive le vésicatoire cantharidien, les mouches de Milan, les thapsias, etc., et qu'on ait recours au *vésicatoire ammoniacal.*

On imbibe une compresse de gaze stérilisée, pliée en plusieurs doubles, de dimension déterminée et on la place sur une assiette pour l'arroser avec de l'ammoniaque. On laisse évaporer légèrement et on applique sur la région choisie.

On recouvre de gaze et de ouate et on laisse en place, pendant environ une demi-heure, en ayant soin que la compresse ne laisse pas couler de l'ammoniaque sur les régions environnantes. Au bout de ce laps de temps, la vésication est suffisante. On panse avec toutes les précautions usitées en pareil cas.

L'application est simple et prompte à réaliser. Les inconvénients sont nuls : la plaie très propre.

CHAPITRE IX

Exercices formulaires (1).

I. — ANESTHÉSIQUES (*analgésiques et antinévralgiques*)

Acétone. — Bromoforme. — Bromure d'éthyle. — Acide carbonique. — Chanvre indien. — Hydrate de chloral. — Cocaïne. — Éther sulfurique. — Opium. — Laudanum. — Antipyrine. — Exalgine. — Phénacétine. — Caféine. — Phénocolle. — Méthylal. — Belladone. — Atropine. — Jusquiame. — Ciguë. — Bromures.

(1) Dans tous les exercices formulaires de ce chapitre, les doses et modes d'emploi concernent les malades *adultes*. Un autre chapitre est réservé aux enfants.

ASSOCIATIONS SYNERGIQUES (*potions*).

A.   *Potion du type A.*

Laudanum.
Morphine.

℞ Laudanum......... .... XXX gouttes.
Sirop de morphine...... 40 gram.
Eau de fleurs d'oranger, q. s. pour 150 cmc.

A prendre par cuillerée à soupe toutes les deux heures.

B.   *Potion du type B*

Laurier-cerise.
Opium.
Belladone.

℞ Extrait d'opium........ 0 gr. 05.
Teinture de belladone.. XL gouttes.
Eau de laurier-cerise.... 20 gram.
Sirop de tolu........... 100 gram.
Eau.......... q. s. pour 180 cmc.

4 à 6 cuillerées à soupe par 24 heures.

C.   *Potion du type C.*

Jusquiame.
Ciguë.
Bromures.

℞ Bromure de potassium... 15 gram.
Extrait de ciguë........}
Extrait de jusquiame...} ãã 0 gr. 15
Sirop écorces oranges
    amères.............. 150 gram.
Eau........ q. s. pour 300 cmc.

3 à 5 cuillerées à soupe par 24 heures.

D.   *Potion du type D.*

Opium.
Ether.

℞ Elixir parégorique......}
Ether sulfurique........} ãã 5 gram.
Sirop d'anis...........}
Sirop de menthe.......} ãã 50 gram.
Hydrolat de menthe.... q. s. p. 120 cmc.

Une cuillerée à soupe toutes les heures.

E.   *Potion du type E.*

Chloral.   ℞ Hydrate de chloral...... ⎫ ấà 4 gram.
Bromures.   Bromure de sodium..... ⎭
Opium.   Codéine............... 0 gr. 10.
                    Sirop de groseilles...... 50 gram.
                    Eau distillée....... q. s. pour 90 cmc.

                    4 à 5 cuillerées à dessert par jour.

F.   *Injection hypodermique du type F.*

Morphine.   ℞ Chlorhydrate de morphine 0 gr. 10.
Atropine.   Sulfate neutre d'atropine. 0 gr. 01.
Eau laurier-cérise. Eau de laurier-cerise.... 10 —

                    Injecter 1 à 2 cmc.

REMARQUES. — La potion du type A, dans laquelle on associe le laudanum à la morphine, peut s'adresser par exemple à un malade atteint de coliques et de diarrhée ; l'action antidiarrhéique du laudanum s'ajoute à l'action analgésique, anesthésique de la morphine. L'eau de fleurs d'oranger est calmante.

Voici quelques variantes de cette même potion :

Substances actives.	Laudanum. *ou* Sirop de morphine.	Elixir parégorique. Éther sulfurique. Laurier-cerise. Extrait d'opium. Teinture de belladone.
Véhicules.	Eau de fleurs d'oranger *ou*	Eau de tilleul. — de laitue. — de menthe. — d'anis.

La potion du type E associe le bromure, le chloral, la codéine (un des alcaloïdes de l'opium) ; elle es hypnotique, antispasmodique et combattrait la toux coqueluchoïde, les quintes de la grippe ou de la tuberculose pendant la nuit ; on peut lui trouver de nombreuses variantes :

Substances actives.	{ Hydrate de chloral. Bromure. Codéine.	{ Jusquiame. Chanv. indien Morphine. Antipyrine. Belladone. Cocaïne.
Adjuvants ou véhicules.	{ Eau simple. Sirop de groseilles.	*ou* { Eau de pavots. Sirop pectoral. Eau de fleurs d'oranger. Sirop pect. de violettes. Infusion de fleurs pectorales. Sirop de tolu.

ASSOCIATIONS SYNERGIQUES (*cachets*).

A.   *Cachets du type A.*

Antipyrine.
Quinine.

℞ Antipyrine.............}
  Bromhydrate de quinine} ãã 0.50
Pour 1 cachet, 1 à 2 par jour.

Pilules du type A.

℞ Antipyrine............................ 0 gr. 15
  Extrait de quinquina.................... 0 gr. 10
Pour une pilule, 6 à 10 par jour.

B.   *Cachets du type B.*

Phénacétine.
Exalgine.
Antipyrine.

℞ Phénacétine............. 0.30
  Exalgine............... 0.20
  Antipyrine............. 0.50
Pour un cachet, 1 à 2 par jour.

Pilules du type B.

℞ Phénacétine..........................⎫
  Exalgine............................⎬ ââ 0.05
  Antipyrine..........................⎭
  Extrait de taraxacum...............⎫ ââ q. s.
  Poudre de réglisse.................⎭
  Pour une pilule, 6 à 10 par jour.

C.   *Cachets du type C.*

Quinine.   ℞ Bromhydrate de quinine. 0.40
Antifébrine.   Antifébrine 0.20
Caféine.   Caféine 0.15
Lactophénine.   Lactophénine 0.15
                    Pour 1 cachet, 1 à 2 par jour.

REMARQUES. — Dans la formule des pilules du type B, nous avons dû ajouter l'extrait de pissenlit (taraxacum) et la poudre de réglisse pour permettre de former une masse pilulaire que les substances comme la phénacétine, l'exalgine et l'antipyrine, à elles seules, ne pourraient pas constituer.

Pour les autres formules, il est possible de varier beaucoup leur composition en effectuant des substitutions qui seront opportunes quand elles répondront à des indications symptomatiques précises.

II. — HYPNOTIQUES

Hydrate de chloral. — Éther. — Chloroforme. — Bromures. — Sulfonal. — Trional. — Uréthane. —

Opium. — Belladone. — Morphine. — Atropine. — Eau de laurier-cerise.— Chanvre indien.— Véronal (1)

N.-B. — Quelques-unes des substances figurant ici à titre d'*hypnotiques* ont déjà figuré précédemment sous la rubrique *analgésiques* (antinévralgiques et anesthésiques). Je ne crains pas, dans ces EXERCICES FORMULAIRES, de recommencer le même travail, considérant que les débutants ne peuvent que gagner à cette répétition : notre tâche est à peu près celle d'une méthode de piano où l'élève refait plusieurs fois les mêmes gammes pour se délier les doigts.

ASSOCIATIONS SYNERGIQUES.

A.   *Potions du type A.*

Bromures.	♃ Bromure de potassium....	
Chloral.	Hydrate de chloral.......	ââ 10 gr.
Jusquiame.	Extrait de jusquiame. ...	
Chanvre indien.	— de chanvre indien.	ââ 0 gr. 10

Sirop écorces oranges amères. 100 gr.
2 à 3 cuillerées à café par jour.

B.   *Cachets du type B.*

Sulfonal.   ♃ Sulfonal........................ 0 gr. 50
Chloral.   Hydrate de chloral............... 0 gr. 50
                  Poudre de lycopode............. q. s.
                  Pour 1 cachet : 1 à 2 par jour.

C.   *Injection hypodermique du type C*

Morphine.   ♃ Chlorhydrate de morphine. 0 gr. 10
Atropine.   Sulfate neutre d'atropine.. 0 gr. 01
Eau laurier-cerise. Eau laurier-cerise....:.... 20 gram.
                  F. s. a : 1 à 3 cmc. par 24 heures.

(1) Le *Véronal* s'emploie en cachets de 0 gr. 50 ; 1 à 2 cachets dans la nuit.

Remarques. — Nous avons à dessein choisi des associations types qui nous permettent de donner, suivant les circonstances ou les susceptibilités des malades, les hypnotiques sous la forme de potions, de cachets ou d'injections hypodermiques.

Nous recommandons deux de ces formules préconisées par beaucoup de médecins : la deuxième (sulfonal et chloral) nous est personnelle et nous a donné de très bons résultats.

La potion du type A est connue sous le nom de *Bromidia*. C'est un excellent hypnotique. Elle peut être variée à l'infini :

<table>
<tr><td rowspan="2">Substances synergiques.</td><td>Bromure.
Chloral.</td><td rowspan="2">ou</td><td>Morphine.
Trional.
Opium.
Morphine.</td></tr>
<tr><td>Extrait de jusquiame.
— chanvre indien.</td></tr>
<tr><td>Sirop ou véhicule.</td><td>Sirop d'écorce oranges amères.</td><td>ou</td><td>Sirop de groseille.
— de framboise.
— d'orgeat.
Looch blanc.</td></tr>
</table>

Les cachets dont nous donnons la formule constituent également un excellent hypnotique : le chloral et le sulfonal concourent au même but thérapeutique et allient leur puissance. Il faut pour les réunir en cachets ajouter une poudre inerte sans laquelle l'hydrate de chloral, très hygrométrique, produirait avec le sulfonal un mélange déliquescent qui empêcherait la conservation en cachets.

La solution hypodermique que nous indiquons est d'un emploi sûr, sans qu'il soit à craindre de vomissements par action de la morphine employée seule ; l'atropine joint son action puissante à celle de la morphine.

III. — ANTISPASMODIQUES

Argent. — Atropine. — Camomille. — Camphre. — Castoréum. — Chanvre indien. — Ciguë. — Sulfate de cuivre. — Bromures. — Valériane et ses sels. — Menthe. — Fleurs d'oranger. — Thym. — Tilleul. — Oxyde de zinc. — Aloès. — Musc.

ASSOCIATIONS SYNERGIQUES.

A.   *Pilules du type A.*

Camphre.   ♃ Musc..... ... .⎱ 0 gr. 10
Musc.   Camphre.............⎰
Chanvre indien. Extrait de chanvre indien. 0 gr. 01
                              Pour une pilule ; 3 ou 4 par jour.

B.   *Pilules du type B.*

Valérianate de zinc. ♃ Valérianate de zinc..... 0 gr. 10
Belladone.   Extrait de belladone. .. 0 gr. 01
                              Miel................... Q. s.
                              Pour une pilule ; 4 par jour.

C.   *Pilules du type C.*

Valériane.   ♃ Valériane...............⎫
Castoréum.   Castoréum..............⎬ āā 0 gr. 05
Sagapénum.   Sagapénum.............⎪
Asa fœtida.   Asa fœtida........... ..⎭
                              Pour une pilule ; 3 par jour.

D.   *Pilules du type D.*

Aloès socotrin   ♃ Aloès socotrin pulvérisé..⎫
Asa fœtida.   Asa fœtida...... ....⎬ââ 0 gr. 10
                                 Savon médicinal desséché.⎭
                                 Confection de roses.......   Q. s.
                                 Pour une pilule ; 1 à 4 par jour.

E.   *Pilules du type E.*

Asa fœtida.   ♃ Asa fœtida.............. 0 gr. 05
Extrait de valériane.   Extrait de valériane. ... 0 gr. 03
Oxyde de zinc.   Oxyde de zinc... ...... 0 gr. 01
Castoréum.   Castoréum........ .... 0 gr. 02
Extrait de belladone.   Extrait de belladone.... 0 gr. 005
                               Pour une pilule ; 1 à 2 matin et soir.

On peut encore employer à la dose de 4 à 6 par
jour les *pilules de Méglin* dont nous donnons ci-
dessous la formule :

           Extrait de jusquiame...........⎫
               — de valériane...........⎬ ââ 5 centigr.
           Oxyde de zinc.................⎭
           Pour 1 pilule.

REMARQUES. — Les différentes associations qui
constituent les formules précédentes réunissent des
poudres ou des extraits qu'il est plus aisé de mélanger
sous forme de pilules que d'incorporer dans une
potion, où ils seraient difficilement solubles.

Les pilules du type E associent un grand nombre
de substances. On peut varier cette formule en sup-
primant, suivant l'occurrence, une ou deux des substances qui la composent, et on revient ainsi aux
formules précédentes.

Nous engageons nos lecteurs à étudier ces diverses formules de pilules qui peuvent leur être très utiles et dans lesquelles ils saisiront le mécanisme habituel de l'art pratique de formuler les pilules.

ASSOCIATIONS SYNERGIQUES (*potions*).

A.   *Potion du type A.*

Potion contre convulsions :

Bromures.   ℞ Bromure de potassium.... 1 gram.
Musc.   Musc.................... 0 gr. 20
Hydrate de chloral.   Hydrate de chloral...... 0 gr. 15
                       Sirop simple............ 20 gr.
                       Hydrolat de fleur d'o-
                         ranger .... ââ.
                       Eau de laitue ..... Q. s. pour 120
Par cuillerée à café tous les quarts d'heure.

B.   *Potion du type B.*

Musc.   ℞ Musc................. 0 gr. 50
Camphre.   Camphre............. 1 gram.
Belladone.   Teinture de belladone. XXX gouttes.
                       Gomme arabique........ 3 gram.
                       Sirop de fleurs d'oranger. 25 —
                       Eau distillée de menthe.
                                Q. s. pour 120 cmc.
Par cuillerée à soupe toutes les heures.

REMARQUES. — La potion du type A est excellente, joignant l'action antispasmodique puissante du musc à celle du bromure de potassium, et à la valeur hypnotique et calmante du chloral. L'eau de laitue et de fleur d'oranger constituent, avec la camomille et la mélisse, les espèces dites *antispasmodiques*.

La potion du type B est également très bonne : la gomme arabique aide à la suspension du camphre et du musc.

IV. — ANTIASTHMATIQUES

Anémonine. — Iodure de potassium. — Iodure de sodium. — Lobélie enflée. — Nitrite de sodium. — Nitrite d'amyle. — Pyridine. — Iodure d'éthyle. — Grindelia robusta. — Datura stramonium. — Opium. Camphre. — Jusquiame. — Belladone.

ASSOCIATIONS SYNERGIQUES

A. — Iodure de potassium.
— de sodium.

Potion du type A.

℞ Iodure de potassium.................⎫
    — de sodium..... ....⎬ āā 15 gr.
Teinture de polygala................⎭
Eau............................. 300 gr.
1 à 2 cuillerées à dessert par jour.

B. — Iodure de potassium.
Teinture de lobélie.

Potion du type B.

℞ Iodure de potassium ....⎫ āā 15 gr.
Teinture de lobélie .,...............⎭
Eau...... .... 250 gr.
1 à 2 cuillerées à soupe par jour.

REMARQUES. — Les médicaments comme le grindelia robusta (XX ou XXX gouttes au moment de l'accès d'asthme), le nitrite d'amyle (inhalations), la pyridine (inhalations), s'emploient seuls et ne donnent lieu à aucune association intéressante.

C. — **Belladone.**
  Jusquiame.
  Datura stramonium.
  Tabac.

Formule du type C.

(Cigarettes antiasthmatiques).

℞ Extrait de datura stramonium........ 5 gram.
 Alcool à 36°......................... 50 —
 Tabac en feuilles.................... 100 —
 Iodure de potassium................. 30 —
 Nitrate de potasse.................. 5 —
 Pour 100 cigarettes.

Variante du type C.

(Cigarettes Espic.)

℞ Feuilles de belladone................ 0 gr. 36
 Feuilles de jusquiame............... }
 Feuilles de stramoine....... ....} ââ 0 gr. 18
 Feuilles de phellandrie aquatique....... 0 gr. 06
 Extrait d'opium..................... 0 gr. 08
 Eau laurier-cerise....... .... 0 gr. 03

D. — **Iodure de potassium.**
  Bromure de potassium.
  Teinture de lobélie.
   —   **polygala.**
   —   **jusquiame.**

Formule du type D.

℞ Iodure de potassium.................. 10 gram.
Bromure de potassium............... 5 —
Teinture de lobélie.................. 20 —
— de jusquiame.............. 10 —
— d'opium camphrée.......... 25 —
Décoction de polygala.............. 120 —
F. s. a.

Deux ou trois cuillerées à café par jour.

Variante du type D.

(Forme pilulaire).

℞ Iodure de potassium.................. 0 gr. 10
Poudre de lobélie.................... 0 gr. 03
Poudre de jusquiame..............⎱ āā 0 gr. 01
— d'opium...................⎰
— de réglise................. Q. s.
Pour une pilule ; 1 à 3 par jour.

REMARQUES. — On évite ainsi le goût dégagréable de l'iodure de potassium en solution.

—————

V. — MODIFICATEURS DE L'ÉTAT GÉNÉRAL (*anti-anémiques, antichlorotiques*).

Sels de fer. — Iodures. — Phosphates. — Glycéro-phosphates. — Huile de foie de morue. — Glycérine. — Arsenic et ses sels. — Kola. — Coca. — Quinquina. — Métavanadate de sodium.

ASSOCIATIONS SYNERGIQUES.

A.   *Potion du type A.*

Arsenic.
Glycérophosphates.
Iodures.

℞ Glycérophosphate de chaux.   5 gram.
Iodure de fer.. ....   2 —
Arséniate de soude........   0 gr. 05
Eau............. ....   300 gram.
3 cuillerées à soupe par jour.

B.   *Potion du type B.*

Kola.
Quinquina.
Coca.
Glycérine.

℞ Teinture de kola.........⎱
   —   de coca.........⎰àà 15 gram.
Extrait de quinquina......   4 gram.
Glycérine................   100 gram.
Vin de Lunnel, q. s. pour..   250 cent. c.
2 cuillerées à soupe par jour.

C.   *Cachets du type C.*

Glycérophosphates.
Protoxalate de fer.
Quinquina.
Kola.

℞ Glycérophosphate de chaux.   0 gr. 50
Protoxalate de fer.........   0 gr. 10
Quinquina en poudre......⎱
Kola.... ....⎰àà 0 gr. 20
Pour 1 cachet, 2 par jour.

D.   *Pilules du type D.*

Fer.
Quinquina.

℞ Extrait de fer ammoniacal.⎱
Extrait de quinquina......⎰àà 0 gr. 01
Glycérine.,..............   Q. s.
Pour une pilule ; 4 à 10 par jour.

E. — **Huile de foie de morue.**
Glycérine.
Phosphates.

Mélange du type E.

℞ Huile de foie de morue............⎫
Sirop de lactophosphate de chaux...⎬ââ 100 gram.
Glycérine........... ....⎭
    2 à 3 cuillerées à soupe par jour.

Variantes du type E.

℞ Huile de foie de morue............   350 gram.
    Sirop d'iodure de fer, q. s. pour....   500   —
    2 cuillerées à soupe par jour.

Sirop de quinquina...............⎫
  — de raifort iodé..............⎬ââ 50 gram.
  — iodo-tannique..................⎪
Sirop de lactophosphate de chaux...⎪
Huile de foie de morue............   300 gram.
    2 cuillerées à soupe par jour.

℞ Glycérophosphate de chaux:........⎫
Glycérophosphate de fer...........⎬ââ 5 gram.
Glycérophosphate de magnésie......⎭
Sirop de quinquina................   200 gram.
    2 cuillerées à soupe par jour.

F.— **Arsenic.**
    Kola.
    Quinquina.
    Alcool.

Mélange du type F.

℞ Arséniate de soude................   0 gr. 40
    Teinture de kola..................   20 gram.
    Extrait de quinquina..............   5   —
    Vin de Lunel......................   300 gram.
    2 cuillerées à soupe par jour.

Variantes du type F.

℞ Liqueur de Fowler................ L. gouttes.
Teinture de kola................... 20 gram.
Vin de Frontignan..............⎫
Vin de quinquina...............⎭ q. s. pour 300 c. c.
3 cuillerées à soupe par jour.

Elixir

℞ Arséniate de soude.... .... 0 gr. 05
Teinture de kola.................. 100 cc.
Sirop simple...................... 200 cc.
Vanilline.... .... 0 gr. 30
2 verres à liqueur par jour.

℞ Arséniate de soude................ 0 gr. 65
Extrait hydroalcoolique de kola..... 10 gram.
Sirop d'écorces oranges amères..... 300 gram.
2 verres à liqueur par jour.

VI. — ÉMÉTIQUES

Tartre stibié. — Ipéca. — Apomorphine. — Sulfate de zinc. — Sulfate de cuivre.

ASSOCIATIONS SYNERGIQUES

A.— **Tartre stibié.**
Ipéca.

Poudre du type A.

℞ Tartre stibié...................... 0 gr. 05
Poudre d'ipéca.................... 1 gr. 50
F. s. a pour 3 paquets.

A prendre à 10 minutes d'intervalle, chacun dans un peu d'eau tiède.

Variantes.

℞ Poudre de racine d'ipéca............ 0 gr. 50
   Tartre stibié..................... 0 gr. 01
   Oxymel scillitique................ 10 gram.
   Eau de tilleul................ ... 20   —

N. B. — Potion vomitive pour les enfants à administrer par cuiller à café toutes les 10 minutes jusqu'à vomissement.

**B. — Ipéca (en poudre).
   Sirop d'ipéca.**

Potion du type B.

℞ Poudre d'ipéca.................... 0 gr. 50
   Sirop d'ipéca.................... 50 gram.
Par cuillerée à café de 5 en 5 minutes jusqu'à effet.

℞ Poudre d'ipéca.................... 0 gr. 30
   Sirop d'ipéca................ ...... 20 gram.
   Oxymel scillitique................ 10   —
Par cuillerée à café de 5 en 5 minutes jusqu'à effet.

Solution hypodermique d'apomorphine.

℞ Chlorhydrate d'apomorphine........ 0 gr. 01
   Eau distillée..................... 10 gram.

N. B. — 1/4 de seringue à 1/2 seringue de Pravaz, mais très prudemment, surtout chez les enfants.

**C. — Ipéca.
   Apomorphine.**

Mélange du type C.

℞ Chlorhydrate d'apomorphine........ 0 gr. 01
   Sirop d'ipéca..................... 30 gram.
Par cuillerée à café de 5 en 5 minutes jusqu'à effet.

VII. — PURGATIFS

Sulfate de soude. — Sulfate de magnésie. — Citrate et tartrate de magnésie. — Magnésie. — Calomel. — Rhubarbe. — Rhamnus frangula. — Podophylle. — Scammonée. — Jalap. — Aloès. — Séné. — Huile de ricin. — Huile de croton. — Cascara sagrada. — Extrait de belladone. — Evonymin. — Gomme gutte. — Miel de mercuriale. — Savon amygdalin. — Phénol.

ASSOCIATIONS SYNERGIQUES

A.   *Cachets du type A.*

Calomel.	♃ Calomel............	0 gr. 70
Rhubarde.	Cascara............}	
Cascara.	Rhubarbe...........} ââ	0 gr. 60
Belladone	Poudre de belladone	
	(feuilles)..........	0 gr. 10

M. pour 3 cachets à prendre à jeun.

N. B. — Purgatif facile à administrer, d'effet sûr, sans coliques trop douloureuses à cause de la belladone.

B.   *Lavement du type B.*

Séné.	♃ Sulfate de soude.....}	
Sulfate de soude.	— de magnésie.} ââ	30 gram.
Sulfate de magnésie.	Miel de mercuriale..	50 —
Miel de mercuriale.	Infus. de séné, q. s. p.	300 —

M. S. a. à donner en une fois, tiède, après un lavement purgatif. Doit être conservé.

Excellent lavement purgatif. C'est la formule type de ce genre de lavement.

C.   *Pilules du type C.*

Scammonée.	♃ Scammonée............	
Jalap.	Jalap..................	ââ 0 gr. 05
Aloès.	Aloès	
Savon amygdalin.	Savon amygdalin........	

Pour 1 pilule, 2 ou 3 pilules chaque soir.
Bon laxatif à cette dose.
Purgatif, si on augmente la dose.

D.   *Potion du type D.*

Nerprun.	♃ Carbonate de magnésie....	18 gram.
Citrate de magnésie.	Acide citrique.............	30 —
	Sirop de nerprun........	30 —
	Sirop de groseilles........	25 —
	Eau	200 —

F. s. a.
Agréable limonade purgative.
A prendre le matin à jeun.

E.   *Pilules du type E.*

Podophylle.	♃ Podophylle.............	ââ 0 gr. 02
Evonymin.	Evonymin...............	
	Extrait de réglisse........	q. s.

1 à 2 par jour.
Pilules cholagogues du meilleur effet.

F.   *Pilules du type F.*

Aloès.	♃ Aloès	
Gomme gutte.	Gomme gutte...........	ââ 0 gr. 05
Scammonée.	Scammonée	
Calomel.	Calomel............... ..	

F. s. a. pour 1 pilule ; 1 à 2 par jour.

N. B. — Ces différentes formules peuvent être variées et renouvelées à l'infini : l'expérience du praticien enrichit très vite sa mémoire. Il suffit de se donner la peine d'étudier de nouvelles combinaisons et de ne pas s'en tenir constamment aux mêmes formules.

Les purgatifs les plus aisés pour la clientèle, sont, sans contredit, les eaux minérales purgatives naturelles ; toutefois, nous ne saurions trop engager nos jeunes confrères à savoir formuler des cachets, des pilules ou des potions purgatives : le malade peut vous demander ce genre de purgation en prétextant de sa susceptibilité ou de son intolérance pour les eaux minérales.

C'est ainsi qu'on formulera pour une limonade purgative :

Citrate de magnésie.... .... (de 20 à 60 gr.)
F. s. a. pour une limonade purgative à prendre le matin au réveil.

Comme laxatif doux nous recommandons volontiers :

Poudre de Rhammus frangula..........⎫ ââ 0 gr. 30
Poudre de Rhubarbe ....⎭
Pour 1 cachet à prendre le soir en se couchant.

ou encore :

Poudre de cascara sagrada.................   0 gr. 50
Extrait de cascara.......................   10 centigr.
Pour 1 cachet à prendre le soir.

Dans la pratique, on a souvent recours à l'eau-de-vie allemande ; voici sa formule :

Eau-de-vie allemande ou teinture de jalap composée :

℞ Jalap................... ....   80 gram.
Turbith..........   10   —
Scammonée d'Alep.........   20   —
Alcool à 60°....................   960   —
F. s. a. Dose de 10 à 40 gr.

On associe souvent l'eau-de-vie allemande au sirop de nerprun et on formule :

Eau de vie allemande...................⎫
Sirop de nerprun ....⎬ ââ 15 gr.

A prendre en une fois le matin à jeun.

• Les eaux minérales purgatives naturelles, aujourd'hui le plus communément employées, sont :

Eau de Janos.	Eau de Villacabras.
— de Pulna.	— de Friedrichshall.
— d'Apenta.	— de Châtel-Guyon.
— de Carabana.	— de Birmenstorff.
— de Montmirail.	— de Rubinat.

N. B. — L'eau de Sedlitz artificielle, d'un commun usage, est composée de la façon suivante :

℞ Sulfate de magnésie................. 30 gram.
Bicarbonate de soude................ 7 —
Acide tartrique cristallisé........... 6 —
Eau........................ .... 600 —

F. s. a. A donner par verres.

VIII. — ANTIDIARRHÉIQUES, ANTIDYSENTÉRIQUES

Sous-nitrate de bismuth et autres sels de bismuth. — Carbonate de chaux. — Phosphate de chaux. — — Acide lactique. — Ratanhia. — Bistorte. — Coings. — Cannelle. — Opiacés. — Éther. — Salol. — Naphtol et Benzonapthol. — Tannin. — Tannigène. — Tannalbine. — Ipéca. — Calomel (comme antiseptique). — Purgatifs en général.

ASSOCIATIONS SYNERGIQUES

A.   *Cachets du type A.*

S. nitrate de bismuth.   ℞ Sous-nitrate de bis-
             muth............} ââ 0 gr. 50
Benzonaphtol.   Benzonaphtol......)
         M. pour 1 cachet, 2 à 3 par jour.

B.   *Cachets du type B.*

Salol.   ℞ Salol............}
Naphtol.   Naphtol........... } ââ 0 gr. 25
Poudre d'opium.   Poudre d'opium....   0 gr. 05
         M. pour 1 cachet, 1 à 2 par jour.

C.   *Cachets du type C.*

Craie préparée.   ℞ Craie préparée......)
Phosphate de chaux.   Phosphate de chaux..} ââ 0 gr. 30
Salicylate de bismuth.   Salicylate de bismuth.)
         M. pour un cachet, 2 à 6 par jour.

N. B. — Nous ferons remarquer que la plupart de ces substances étant insolubles, ou difficilement solubles, sont justement employées pour cette raison en cachets.

    D. — **Laudanum.**
       Ratanhia.
       Bismuth (sel de).
       Coings.

Potion du type D.

℞ Sous-nitrate de bismuth................   10 gr.
   Laudanum........................   LX gouttes.
   Sirop de ratanhia....................}
     — de coings....................} ââ 50 gr.
   Eau de chaux................   Q. s. pour 180 cmc.
F. s. a ; 4 à 6 cuillerées à soupe par jour.

Variantes du type D.

℞ Sous-nitrate de bismuth...................... 10 gr.
Laudanum de Sydenham............. XXX gouttes.
Hydrolat de menthe............ .... 10 gr.
Infusion de bistorte.................... 70 —
Sirop de ratanhia..................... 30 —

F. s. a. 3 à 4 cuillerées à soupe par jour.

℞ Salicylate de bismuth.................... 4 gr.
Elixir parégorique...................... 10 —
Sirop de ratanhia...................... 30 —
Eau chloroformée...................... 30 —
Julep gommeux........... .... Q. s. pour 150 cmc.

Par cuillerée à soupe dans les 24 heures.

E. — Elixir parégorique.
Ether sulfurique.

Mélange du type E.

℞ Elixir parégorique....................⎫ āā 30 gr.
Ether sulfurique ....⎭

M. à prendre par cuillerée à café dans un demi-verre d'eau
sucrée trois fois par jour.

Variante du type E.

℞ Elixir parégorique...................... 20 gr.
Ether sulfurique...................... 15 —
Salicylate de bismuth......... .... 10 —
Sirop de coings................... ..... 100 —
Eau de menthe........... .... Q. s. pour 150 cmc.

F. s. a.

A prendre par cuillerée à soupe dans les 24 heures.

F. — Extrait d'opium.
        —   de ratanhia ou tannin.

Pilules du type F.

℞ Extrait d'opium....................... 0 gr. 02
— de ratanhia................... — 15
M. pour une pilule, 2 à 4 par jour.

Variante du type F.

℞ Extrait d'opium.................. 0 gr. 01
Tannin ....⎫
Extrait de ratanhia................⎭ ââ 0 gr. 10
Pour une pilule 2 à 6 par jour.

Poudre composée du type F.

℞ Poudre de cannelle....... .... 0 gr. 20
Poudre d'opium.................... 0 — 01
Tannin .... 0 — 25
Pour un paquet ; 1 à 4 par 24 heures.

IX. — CARDIAQUES ET DIURÉTIQUES

Digitale. — Caféine. — Théobromine. — Spartéine. — Strophantine. — Muguet. — Scille. — Nitrate de potasse. — Lactose. — Benzoate de soude. Genièvre. — Chiendent. — Sulfate de potasse. — Vin blanc. — Diurétine. — Pariétaire.

ASSOCIATIONS SYNERGIQUES

A. — **Digitale.**
Scille.
Baies de genièvre.
Acétate de potasse.
Vin blanc.

Vin du type A.

℞ Digitale........................... 5 gram.
   Scille............................. 15 —
   Baies de genièvre.................. 25 —
   Acétate de potasse................. 50 —
   Alcool............................ 100 —
   Vin blanc......................... 900 —

Vin diurétique de l'Hôtel-Dieu ou de Trousseau ; 1 à 2 cuillerées à soupe par jour.

A indiquer dans les affections cardiaques ou à titre de diurétique.

Variantes du type A.

Poudre diurétique :

℞ Poudre de digitale. .... 0 gr. 30
   — de scille.................... 0 gr. 30
   Oléo-saccharure de genièvre....... 10 gram.
     F. s. a. pour 20 doses ;

1 dose toutes les heures.

B. — **Digitale.**
   Colchique.
   Azotate de potasse.

Variantes du type B.

Pilules :

℞ Poudre de scille....................⎫
   — de digitale..................⎬ ââ 0 gr. 05
   Extrait de genièvre................⎭
Pour une pilule, 2 à 6 par jour.

Potion du type B.

℞ Poudre de feuilles de digitale.......   0 gr. 50
  Faites macérer 24 heures dans : Eau.   200 gram.
  Ajoutez : Azotate de potasse........   4   --
  Teinture de bulbe de colchique.....   8 —
  Sirop des cinq racines q. s. pour...   250 c. c.
Par cuillerée à soupe toutes les heures.

Dans affections cardiaques.

C. — Caféine.
    Benzoate de soude.

Potion du type C.

℞ Caféine...........................   1 gram.
  Benzoate de soude, q. s. p. dissoudre.
  Eau de tilleul.....................   30 gram.
   — de laitue ....   60 —
  Sirop des cinq racines.. ....   30 —
A prendre par cuillerée à soupe toutes les heures.

N. B. — Le benzoate de soude figure dans cette formule à titre d'adjuvant de solubilité de la caféine : sa présence est indispensable.

D. — Chiendent.
    Azotate de potasse.
    Pariétaire.
    Lactose.

Potion du type D.

℞ Azotate de potasse.................   3 gram.
  Lactose...........................   30 —
  Sirop de pariétaire. ....⎱ āā 50 —
   — de framboises.................⎰
  Décoction de chiendent............   200 —
    F. s. a.; à prendre dans les 24 heures.

N. B. — Les trois éléments diurétiques de cette potion se trouvent réunis dans un véhicule légèrement diurétique et aromatisé avec le sirop de framboises.

Remarque. — La plupart des médicaments toni-cardiaques dans le genre de la digitale, de la caféine, de la spartéine, de la strophantine, tout en étant des modificateurs de la tonicité du cœur et des régulateurs de cet organe, sont en même temps des diurétiques puissants.

E. — **Salicylate de soude.**
Théobromine.

Potion du type E.

℞ Salicylate de soude et de théobromine.   3 gram.
   Sirop d'écorce d'oranges amères   30   —
   Eau distillée, q. s. pour............   90 cmc.
      1 cuillerée à soupe toutes les heures.

Constitue le meilleur diurétique, avec la lactose; inoffensif et énergique.

On emploie sous le nom de *diurétine* un mélange analogue dont l'action est également très précieuse.

Cachets.

℞ Théobromine.....................   0 gr. 50
   Pour un cachet ; 2 à 3 par jour.

F. — **Digitale.**
Seigle ergoté.
Scille.

Solution du type F.

℞ Teinture alcoolique de digitale..... 1 gram.
   Extrait aqueux de seigle ergoté..... 1 —
   Oxymel scillitique................. 15 —
   Sirop de cerises................... 100 —
   Infusé de chiendent............ .. 200 —
     Par cuillerée à soupe dans les 24 heures.

Variante : Pilules de Lancereaux.

℞ Poudre de digitale.................⎫
   Poudre de scille....................⎬ àà 5 cent.
   Scamonnée.........................⎭
     Pour 1 pilule; 4 à 6 par jour.

X. — EXPECTORANTS ET BALSAMIQUES

Copahu. — Tolu. — Benjoin. — Benzoate de soude. —Goudron.—Thérébentine.—Thiocol(1).— Terpine. — Opiacés. — Antimoniaux (Oxyde blanc d'antimoine et kermès). — Ipéca. — Hysope. — Polygala. — Scille. — Violettes. — Créosote. — Iodoforme. — Gomme ammoniaque. — Soufre. — Réglisse.

ASSOCIATIONS SYNERGIQUES

A. — **Créosote.**
    Tolu.
    Benjoin.
    Iodoforme.
    Térébenthine.

(1) Le *Thiocol* (sulfogaïacolate de potasse) s'emploie en cachets ou en potion, à la dose de 1 à 6 gram. par jour.

Pilules du type A.

℞ Créosote..........................   0 gr. 05
  Tolu............................. ⎫
  Benjoin.......................... ⎭ ââ 0 — 03
  Iodoforme.........................   0 gr. 01
  Térébenthine......................   0 gr. 02
Pour une pilule. f. s. à 40 pilules
         4 à 10 pilules par 24 heures.

Bonne préparation dans la tuberculose, la bronchite et autres affections pulmonaires.

  B. — **Benjoin.**
       Soufre.
       Poudre de Dower.
       Gomme ammoniaque.
       Réglisse.

Paquets du type B :

℞ Poudre de Dower.................   0 gr. 10
  Soufre sublimé................... ⎫
  Poudre de réglisse................ ⎭ ââ 0 — 25
  Benjoin........................... ⎫
  Gomme ammoniaque.............. ⎭ ââ 0 — 05
  Sucre en poudre...................   0 — 50
M. pour un paquet, n° 10. Un paquet toutes les trois heures dans la tisane chaude de polygala.

N. B. — La poudre de Dower, qui figure dans cette formule, est un mélange d'ipéca, d'opium, de nitrate et de sulfate de potasse ; elle s'emploie en cachets, pilules, comprimés aux doses de 0 gr. 20 à 1 gr.

  C. — **Ipéca** ⎫ employé à titre d'antidysentérique.
       Opium ⎭

Potion du type C :

Poudre d'ipéca....................　　3 gram.

Faites infuser une demi-heure dans eau bouillante 125 gr. ;

Ajoutez :

Sirop d'opium................................　50 gr.
　　– de menthe..........................　30 —

A prendre par cuillerée à soupe dans les 24 heures.

N. B. — L'antagonisme entre l'opium et l'ipéca permet d'arrêter l'effet émétique de cette dernière substance et de profiter de son action antidysentérique, d'ailleurs empirique.

Variante.

℞ Poudre d'ipéca..........................　3 gr.
Eau bouillante..........................　150 —
Elixir parégorique......................　20 —
Sirop de menthe........................　30 —

F. s. a. A prendre par cuillerée à soupe dans les 24 heures.

REMARQUES. — Le calomel et les autres purgatifs sont antidiarrhéiques et antidysentériques, surtout à titre d'antiseptiques de l'intestin. Le traitement des entérites et des colites doit toujours comporter l'indication d'un purgatif.

Disons, en passant, que le calomel a une action particulièrement bienfaisante dans les entérites des enfants. On l'emploie à la dose de 0 gr. 05 par année d'âge (doses massives) ou à la dose de 0 gr. 02 par année d'âge (doses réfractées).

D. — **Opiacés.**
　　Antimoniaux.

Potion du type D.

℞ Kermès........................... 0 gr. 20
    Extrait d'opium..................... 0 — 10
    Sirop d'aconit...................... 50 —
    Julep gommeux............ Q. s. pour 150 cmc.
Par cuillerée à soupe dans les 24 heures.

Variante.

℞ Kermès........................... 0 gr. 20
    Sucre .... 5 —
    Eau de laurier-cerise................ 10 —
    Sirop de tolu.......................⎰ āā 50 —
       — thébaïque ....⎱
    Infusé de polygala......... Q. s. pour 250 cmc.
    5 à 6 cuillerées à soupe dans les 24 heures.

Pilules expectorantes.

℞ Kermès........................... 0 gr. 02
    Extrait d'opium....... .... 0 — 01
    Gomme ammoniaque................. 0 — 02
       Pour une pilule, 2 à 6 par jour.

E. — **Belladone.**
    Antimoniaux.

Potion du type E.

℞ Oxyde blanc d'antimoine............. 3 gr.
    Extrait de belladone................. 0 — 05
    Sirop de tolu.......... .... 50 —
    Looch blanc........................ 150 —
    Par cuillerée à soupe dans les 24 heures.

Variante :

℞ Oxyde blanc d'antimoine............. 4 gr.
   Infusion d'hysope................... 90 —
   Sirop de tolu............................⎫ ââ 20 —
   —   de morphine...................⎭
     Par cuillerée à soupe dans les 24 heures.

Autre :

℞ Oxyde blanc d'antimoine.............. 1 gr.
   Sirop de digitale............... ...... 20 —
   Julep gommeux...................... 60 —
  F. s. a.; par cuillerée à soupe dans les 24 heures.

F. — Opiacés.
   Ipéca.
   Balsamiques.

Pilules du type F.

℞ Codéine .... 0 gr. 01
   Morphine.............................. 0 — 005
   Poudre d'ipéca............. .... 0 — 10
   Térébenthine............... .... 0 — 05
     F. s. a. pour une pilule ; 2 à 4 par 24 heures.

Potion.

℞ Poudre d'ipéca....................... 4 gr.
   Teinture d'opium camphrée........... 6 —
   Sirop de codéine.................... 50 —
   Infusion de polygala........ Q. s. pour 150 cmc.
     5 à 6 cuillerées à soupe par 24 heures.

G.— Belladone.
   Ipéca.
   Balsamiques.

Pilules du type G.

℞ Extrait de belladone.................... 0 gr. 01
Myrrhe.................................⎱ àà 0 — 02
Ipéca..................................⎰
    Pour une pilule ; 2 à 6 par 24 heures.

H. — Tolu.
    Benzoate de soude.
    Goudron ou terpine.
    Polygala.

Pilules du type H.

℞ Terpine... ....⎱
Acide benzoïque.................... .⎰ àà 5 cent.
Extrait de polygala..................⎰
    F. s. a. pour 1 pilule, 4 à 20 par 24 heures.

Variante.

℞ Goudron ....⎱ àà 0 gr. 025
Baume de tolu.......................⎰
Benzoate de soude... .... 0 — 02
    F. s. a. pour une pilule ; 2 à 10 par jour.

Potion.

℞ Terpine.............................. 0 gr. 50
Alcool................................ 20 —
Baume du Pérou................... .. 1 gr. 50
Sirop de cachou...................... 30 —
Eau...................... Q. s. pour 150 cmc.
    F. s. a. A prendre dans les 24 heures.

Variante :

℞ Benzoate de soude.................... 8 gr.
Teinture de benjoin.................... 2 —
Sirop de tolu........................⎱ àà 50 —
  — de cachou ....⎰
    3 à 6 cuillerées à soupe par 24 heures.

Variante : Elixir de Terpine :

℞ Terpine... .... 1 gr. 50
    Alcool à 90°........................... 20 gr.
    Elixir de Garus........... .... 50 —
    Sirop de framboises......... Q. s. pour 110 cmc.
Une cuillerée à soupe contient 0 gr. 20 de terpine.

N. B. — La terpine à dose moyenne (0 gr. 20 à 0 gr. 50 par 24 heures) augmente et fluidifie les sécrétions bronchiques. A forte dose (0 gr. 80 à 1 gr. 20) elle les tarit.

I. — **Thiocol.**
    Tolu.
    Polygala.

Potion du type I :

℞ Thiocol............................... 4 gr.
    Sirop de tolu........................ 40 —
    — de polygala.................... 30 —
    Eau de laurier-cerise................. 10 —
    Eau....................... Q. s. pour 150 cmc.
Une cuillerée à soupe toutes les 2 heures.

XI. — ANTISCROFULEUX (anti-strumeux)

Raifort. — Iode. — Iodures. — Arsenic. — Arsenic organique : Cacodylates, Méthylarsinates. — Ferrugineux. — Glycéro-phosphates. — Phosphates. — Phosphore. — Quinquina. — Noyer. — Salsepareille.

ASSOCIATIONS SYNERGIQUES

**A. — Ferrugineux.
Iodures.**

Sirop du type A :

℞ Sulfate de fer........................ 1 gr. 50
Iodure de potassium.................. 2 —
Eau de cannelle...................... 25 —
Sirop de sucre...... . ... 150 —
     2 à 3 cuillerées à soupe par jour.

**B. — Raifort.
Iode.
Phosphates.
Quinquina.**

Solution du type B :

℞ Sirop de raifort iodé........ ....⎤
   — de lacto-phosphate de chaux....⎟
   — iodo-tannique..................⎬ ââ P. E.
   — de quinquina..................⎟
   — d'iodure de fer...............⎦
M. s. a.; une cuillerée à dessert avant chaque repas aux enfants.

**C. — Ferrugineux.
Quinquina.
Glycérophosphate.**

Cachets du type C :

℞ Protoxalate de fer.................... 0 gr. 10
Poudre de rhubarbe.................. 0 — 20
   — de quinquina............... . 0 — 25
Glycérophosphate de chaux.......... 0 — 45
    M. pour un cachet, 3 cachets par jour.

N. B. — L'iode, les iodures, l'arsenic et les glycéro-phosphates sont les médicaments les plus efficaces et en même temps le plus communément prescrits, par exemple :

Sirop Iodo-Tannique (s. l. f. du Codex).
0 gr. 04 d'iode par cuillére à soupe.
2 cuillères à soupe par jour.

Vin Iodo-Tannique (s. l. f. du Codex).
1 cuillère à soupe contient... 0 gr. 02 d'iode.
—   —   0 gr. 04 de tannin.
—   —   0 gr. 30 d'iodure de sodium.
2 cuillerées à soupe par jour.

D. — Iodures.
Noyer.

Potion du type D

℞ Sirop de noyer......................... 150 gr.
Phosphate acide de chaux............. 5 —
Liqueur de Fowler..................... 1 —
Sirop d'iodure de fer.................. 100 —
Sirop de quinquina........ Q. s. pour 300 cmc.
3 cuillerées à soupe par jour.

E. — Tannin.
Iodures.
Iode.
Quinquina.

Potion du type E.

℞ Iodure de potassium................... 2 gr.
Teinture d'iode....................... 1 —
Tannin........... .. .. 1 —
Sirop de quinquina..... .... 50 —
Julep gommeux.......... Q. s. pour 150 cmc.
3 à 4 cuillerées à soupe par jour.

Variante :

℞ Iodure de potassium.. ....} ââ 2 gram.
  Teinture d'iode......... ....)
  Sirop de gentiane........... ......}ââ 125 gram.
  Sirop de quinquina..............)
      3 cuillerées à soupe par jour.

Autre variante :

℞ Extrait mou de quinquina..........   15 gram.
  Glycérine..................... ..   50 —
  Extrait mou de noyer..............   10 —
  Glycérophosphate de soude.........   20 —
  Arséniate de soude....... ....   0 gr. 15
  Vin de malaga q. s. pour...........   1 litre.
1 verre à liqueur avant chacun des deux principaux repas.

F. — Créosote.
   Huile de foie de morue.
   Phosphore.

Mélange du type F.

℞ Huile phosphorée à 1/100..........   5 gram.
  Créosote... ....   10 —
  Huile de foie de morue q. s. pour..   1 litre.
      2 cuillerées à soupe par jour.

G. — Cacodylates.
   Raifort.

Potion du type G.

℞ Cacodylate de soude...............   10 cent.
  Sirop antiscorbutique..............   300 cmc.
      1 cuillerée à soupe matin et soir.

XII. — HÉMOSTATIQUES

Adrénaline. — Antipyrine. — Eau oxygénée à 12 volumes. — Ergotine. — Perchlorure de fer. — Chlorure de calcium. — Hydrastis. — Hamamélis. — Alun. — Tannin. — Benjoin. — Ratanhia. — Digitale. — Acide sulfurique.

ASSOCIATIONS SYNERGIQUES

A. — **Extrait de ratanhia.**
    Ergot de seigle.
    Acide tannique.

Pilules du type A :

℞ Extrait de ratanhia................ 0 gr. 15
  Ergot de seigle..................... 0 — 10
  Acide tannique..................... 0 — 01
  Pour une pilule. F. s. a. n° 10.
     1 pilule toutes les demi heures.

Autres pilules du type A :

℞ Ergotine..................... .... 0 gr. 10
  Extrait de réglisse.................⎫ ââ 0 — 05
  Extrait de ratanhia...............⎭
  Tannin........ .... 0 — 04
    F. s. a. pour une pilule.
    8 à 15 pilules par jour.

B. — **Seigle ergoté ou ergotine.**
    Digitale.
    Ratanhia.

Potion du type B :

℞ Seigle ergoté.................... 4 gram.
  Eau bouillante.................... 100 —
  Sirop de digitale................. 20 —
  — de ratanhia q. s. pour........ 150 cmc.
Par cuillérées à soupe toutes les heures jusqu'à concurrence de 5 à 6 cuillerées à soupe.

Autre potion du type B :

℞ Ergotine...................... 2 gram.
Sirop de morphine...............⎱ ââ 30 —
— de digitale..................⎰
Eau q. s. pour.......... .... 150 cmc.
Par cuillerée à soupe toutes les heures.

Le mode le plus rapide d'administration de l'ergotine, l'hémostatique par excellence, est la voie souscutanée. On a vu plus haut les formules de ces solutions hypodermiques.

C. — **Benjoin.**
Alun.

Eau hémostatique de Pagliari :

℞ Benjoin........................... 10 gram.
Alun .... 20 —
Eau .... 200 —
En application locale pour usage externe.

D. — **Hydrastis.**
Hamamelis.
Ergotine.

Potion du type D :

℞ Teinture d'hydrastis...............⎱ ââ XXX gouttes.
Teinture d'hamamelis........... ..⎰
Acide chlorhydrique............... II gouttes.
Ergotine........................... 2 gram.
Sirop de ratanhia.................⎱ ââ 50 —
Sirop de cerises..................⎰
Eau q. s. pour.................... 150 —
Par cuillerée à soupe dans les 24 heures.

Pilules du type D :

℞ Extrait d'hydrastis ....} ââ 0 gr. 02
   Extrait d'hamamelis................}
   Ergotine ....   0 gr. 10
   Poudre de tannin q. s..............
      F, s. a. Une pilule toutes les 4 heures.

Ces formules sont excellentes, elles réunissent les trois meilleurs hémostatiques employés en thérapeutique ; elles sont d'un emploi sûr et énergique.

E. — Perchlorure de fer.
    Acide sulfurique.

Potion hémostatique du type E :

℞ Perchlorure de fer.................   4 gram.
   Eau de Rabel......................   3 —
   Sirop d'opium..................... 20 —
   Eau .... 120 —
      Par cuillerée à soupe.

L'eau de Rabel est une solution alcoolisée d'acide sulfurique représentant un quart d'acide sulfurique.

F. — Ergotine.
    Chlorure de calcium.
    Ratanhia.

Potion du type F :

℞ Chlorure de calcium...............   4 gram.
   Ergotine ....   2 —
   Sirop de ratanhia................. 30 —
   Eau q. s. pour.................... 125 cmc.
    Une cuillerée à soupe toutes les heures.

XIII. — EXCITANTS (appétit et nutrition)

Anis. — Café. — Caféine. — Cannelle. — Ether. — Girofle. — Mélisse. — Maté. — Noix vomique. — Phosphore. — Thé. — Thym. — Vanille. — Acétate d'ammoniaque. — Quinquina. — Alcool. — Arsenic. — Cacodylates. — Méthylarsinates. — Kola. — Coca. — Métavanadate de soude.

ASSOCIATIONS SYNERGIQUES

A. — Éther.
   Noix vomique.
   Mélisse.
   Vanille.

Mélange du type A :

℞ Liqueur d'Hoffmann ....   10 gram.
   Teinture de noix vomique...   2   —
   Alcoolat de mélisse...............   8   —
   Teinture de vanille................   2   —
      M. huit à dix gouttes ; trois fois par jour.

N. B. — La liqueur d'Hoffmann prescrite dans cette formule est un mélange, à parties égales, d'alcool et d'éther.

B. — Acétate d'ammoniaque.
   Quinquina.
   Alcool.
   Cannelle.

Potion du type B :

℞ Acétate d'ammoniaque..............   30 gram.
   Extrait mou de quinquina..........   5   —
   Teinture de cannelle..............   10   —
   Frontignan q. s. pour......   300   —
      2 verres à liqueur par jour.

Variante :

℞ Acétate d'ammoniaque.............	20	gram.
Extrait mou de quinquina..........	5	—
Glycérine neutre..................	30	—
Rhum.............................	50	—
Sirop simple.....................	50	—
Infusion de café q. s. pour........	250	cmc.

F. s. a. 2 verres à liqueur par jour.

C.— Alcool.
    Quinquina.
    Ether.
    Mélisse.

Potion tonique du type C :

℞ Alcoolat de mélisse................	5	gram.
Liqueur d'Hoffmann...............	10	—
Sirop de quinquina...............	30	—
Eau de menthe poivrée...........	30	—
Eau distillée q. s. pour............	150	cmc.

3 cuillerées à soupe par jour.

D.— Quinquina.
    Alcool.
    Café ou caféine.

Potion du type D :

℞ Extrait mou de quinquina..........	5	gram.
Vin d'Espagne ou rhum............	80	—
Sirop simple.....................	50	--
Infusion de café q. s. pour........ .	180	cmc.

2 à 3 cuillerées à soupe par jour.

E.— Kola.
    Coca.

Quinquina.
Alcool.
Arsenic.

Préparation du type E, vin tonique et apéritif :

℞ Teinture de kola........ ....⎱ ââ 30 gram.
　Teinture de coca.................⎰
　Glycérine neutre...................　　50 gram.
　Extrait de quinquina............ .　　10　—
　Teinture de noix vomique..........　　·2　—
　Arséniate de soude................　　0 gr. 15
　Vin de Frontignan q. s. pour un litre.
　　　F. s. a. ; 2 verres à liqueur par jour.

F. — **Kola.**
　　Coca.
　　Glycérophosphate ou métavanadate de soude.

Cachets du type F.

℞ Poudre de kola...................⎱ ââ 0 gr. 25
　　—　de coca..................⎰
　Glycérophosphate de chaux.........　0 — 50
　　　M. pour un cachet, 2 par jour.

Pilules :

℞ Métavanadate de soude...............　0 gr. 01
　Glycérophosphate de soude...........　0 — 05
　Extrait de kola..................⎱ ââ q. s.
　　—　de coca..................⎰
　　　Pour une pilule, 2 par jour.

XIV. — EMMÉNAGOGUES

Absinthe. — Aloès. — Armoise. — Apiol. — Acétate d'ammoniaque. — Ergotine. — Ferrugineux. —

Manganèse. — Quinquina. — Safran. — Gentiane et amers.

ASSOCIATIONS SYNERGIQUES

A. — **Ferrugineux.**
    Safran.
    Cannelle.
    Armoise.
    Acétate d'ammoniaque.

Pilules du type A.

℞ Tartrate de fer et de potasse..........   0 gr. 05
Safran en poudre....................⎱
Cannelle................................⎰ ââ 0 — 04
Sirop d'armoise........ ....   Q. s.
       Pour 1 pilule, 2 à 4 par jour.

Potion du type A.

℞ Teinture de safran..................   20 gr.
Acétate d'ammoniaque..............   20 —
Sirop d'armoise....................   125 —
Vin blanc................   Q. s. pour 300 cmc.
     Par cuillerée à soupe toutes les 2 heures.

Variante.

℞ Teinture de safran..................   10 gr.
Sirop d'armoise....................   100 —
   — de quinquina..................   125 —
     Par cuillerée à soupe toutes les 2 heures.

Autre variante.

℞ Acétate d'ammoniaque..............   10 gr.
Sirop d'armoise....................   50 —

Teinture de safran.................. XX gouttes.
—   de cannèlle XX   —
Julep gommeux .... Q. s. pour 150 cmc.
    1 cuillerée à soupe toutes les 2 heures.

B. — **Armoise**.
    Valériane.
    Absinthe.
    Safran.

Solution du type B.

℞ Sommités d'armoise........... ....⎫
Racines de valériane...............⎬ ââ 10 gr.
Absinthe ....⎭
Safran .... 0 gr. 50
Vin blanc........................ 300 —
    F. s. a. par macération.
    1 verre à bordeaux 3 fois par jour

Variante.

℞ Feuilles d'armoise pulvérisées......... 2 gr. 50
Safran en poudre.................... 1 — 50
    M. pour 5 paquets; 1 paquet chaque soir.

Autre variante :

℞ Armoise............................. 5 gr.
Safran .... 2 —
Elixir de Garus.................... 30 —
Eau bouillante............. Q. s. pour 180 cmc.
    4 verres à liqueur par jour.

XV. — ANTITHERMIQUES

Acétanilide. — Antipyrine. — Cryogénine. — Phénacétine. — Pyramidon. — Acide salicylique. — Salipyrine. — Sels de quinine.

La plupart de ces antithermiques, étant des sels, peuvent être administrés facilement sous la forme de cachets. Par exemple :

Cryogénine............................ 0 gr. 30
Pour un cachet ; 2 à 3 par jour.

ASSOCIATIONS SYNERGIQUES

A. — **Quinine.**
     Antipyrine.

Cachets du type A.

℞ Quinine (bromhydrate)...............   0 gr. 60
   Antipyrine ....   0 — 40
      M. pour un cachet, 1 à 2 par jour.

B. — **Acétanilide.**
     Antipyrine.
     Phénacétine.
     Quinine.

Cachets du type B.

℞ Phénacétine.......................   1 gr.
   Antipyrine.........................   2 — 50
   Acétanilide........................   0 — 50
     Diviser en 6 cachets ; 2 cachets par jour.

Variante.

℞ Bromhydrate de quinine.............   0 gr. 25
   Phénacétine........................   0 — 25
   Antipyrine.........................   0 — 40
     Pour 1 cachet ; 2 à 3 par jour.

C. — **Quinine.**
     Quinquina ou kola.
     Salipyrine.

Cachets du type C.

℞ Poudre de quinquina ou de kola.....   0 gr. 50
  Sels de quinine.....................   0 — 50
      Pour 1 cachet; 1 à 2 par jour.

Pilules du type C.

℞ Sulfate de quinine.................⎫
  Extrait de quinquina...............⎭ ââ 0 gr. 05
      Pour une pilule; 2 à 10 par jour.

Variantes.

℞ Sulfate de quinine..................   0 gr. 10
  Extrait de quinquina................   0 — 05
  Miel blanc..........................   Q. s.
      Pour 1 pilule; 2 à 6 par jour.

N. B. — Ces différentes formules associent les effets antithermiques des sels de quinine avec les effets du quinquina qui, sans être aussi puissant que la quinine, ajoute son action tonique au premier médicament.

Le mélange quinine et quinquina est un bon tonique de la cachexie paludéenne.

Les indications en sont très nombreuses.

Variantes du type C.

Suppositoires :

℞ Acide salicylique.............. .....⎫
  Antipyrine.................. ....⎭ ââ 0 gr. 50
  Beurre de cacao..... ....   3 gr.
      Pour un suppositoire.

Variante :

℞ Bromhydrate de quinine...............   0 gr. 30
     Antipyrine...........................:.   0 — 50
     Beurre de cacao......................   3 —
        Pour 1 suppositoire ; 2 à 3 par jour.

Pilules :

℞ Acide salicylique....................⎫
     Antipyrine.................... .....⎬ ââ 0 gr. 05
     Extrait de quinquina...............⎫
     Poudre de réglisse................⎬ ââ q. s.
        Pour 1 pilule; 2 à 10 par jour.

D. — **Pyramidon.**
    Phénacétine.

Cachets du type D.

℞ Pyramidon................. ....   0 gr. 30
     Phénacétine....... ....   0 — 50
        Pour 1 cachet; 2 à 3 par jour.

Potion du type D.

℞ Salicylate de pyramidon.............   5 gr.
     Citrate de caféine....................   2 —
     Sirop d'éther........................   50 —
     — de groseilles................. .   150 —
     — de framboises........ Q. s. pour 300 cmc.
      3 à 4 cuillerées à soupe par jour.

XVI. — ANTIRHUMATISMAUX ET ANTIARTHRITIQUES

Aspirine. — Salicylates. — Salipyrine. — Salophène. — Iodures. — Gaïac. — Colchique. — Aconit. — Quinquina. — Salicylate de méthyle.

SANS ASSOCIATION

Cachets.

℞ Aspirine ....   0 gr. 50
> Pour 1 cachet; 2 à 6 par jour.

Potion.

Salicylate de soude..................   30 gr.
Rhum...............................   60 —
Sirop d'écorce d'oranges amères......   150 cmc.
Eau distillée...............   Q. s. pour 300 cmc.
> 1 à 4 cuillerées à soupe par jour.

ASSOCIATIONS SYNERGIQUES

A. — Iodures.
  Salicylates.

Potion du type A.

℞ Iodure de potassium.......... ......   4 gr.
Salicylate de soude..................   10 —
Sirop de menthe....................   50 —
Eau...................... ......   Q. s. pour 150 cmc.
> 1 à 3 cuillerées à soupe par jour.

Suppositoire du type A.

℞ Iodure de potassium.................   0 gr. 40
Salicylate de soude..................   0 — 60
Beurre de cacao....................   3 —
> Pour 1 suppositoire.

N. B. — Médication très précieuse qui permet l'absorption rectale très rapide et intégrale des médicaments employés.

B. — Gaïac.
  Colchique.
  Quinquina.
  Aconit.

Mélange du type B :

℞ Teinture de colchique...... ....⎰
  Teinture de gaïac................⎱ ââ 10 gram.
  .Alcool, racine d'aconit.............
  Teinture de quinquina............

M. Trente gouttes avant chaque repas dans un peu d'eau sucrée ou d'infusion de feuilles de frêne.

Pilules du type B :

℞ Sulfate de quinine	0 gr.	05
Extrait d'aconit....................	0 —	02
Extrait de colchique.............,	0 —	03
Extrait de belladone................	0 —	02

Pour une pilule ; 1 à 2 pilules par jour.

Autre :

℞ Sulfate de quinine................	0 gr.	10
Semence de colchique	0 gr.	05
Extrait de quinquina..............	Q. s.	

Pour une pilule ; 2 à 4 par jour.

C. — Iodures.
  Colchique.

Potion du type C :

℞ Iodure de potassium...............	2 gram.	
Teinture de colchique............ ...	2	—
Sirop de fleurs d'oranger..........	30	—
Eau distillée q. s. pour.............	120 cmc.	

F. s. a. par cuillerée toute la journée.

Suppositoires :

℞ Iodure de potassium..............   0 gr. 30
  Extrait de semences de colchique...   0 — 05
  Beurre de cacao..................   3 gram.
       Pour 1 suppositoire; 1 à 2 par jour.

Pilules :

℞ Iodure de potassium..............   0 gr. 05
  Extrait de semences de colchique...   0 — 01
  Poudre de réglisse................   Q. s.
       Pour 1 pilule; 2 à 6 par jour.

D. — **Salsepareille.**
     Quinquina.
     Iodures.
     Salicylates.

Potion du type D :

℞ Iodure de potassium..............   5 gram.
  Salicylate de soude................   4 —
  Sirop de salsepareille.............⎫
  Sirop des 5 racines................⎬ ââ 50 —
  Sirop de quinquina.................⎭
  Eau q. s. pour....................   150 cmc.
       F. s. a.; 2 à 4 cuillerées à soupe par jour.

XVII. — AMERS

Absinthe. — Colombo. — Condurango. — Gingembre. — Gentiane. — Houblon. — Oranges amères (écorce). — Quassia. — Noix vomique. — Quinquina. — Ményanthe.

ASSOCIATIONS SYNERGIQUES

A. — Colombo.
Gentiane.
Quassia.
Noix vomique.

Mélange du type A :

℞ Poudre de colombo................ 0 gr, 30
Poudre de gentiane................ 0 — 20
M. pour un cachet; 2 à 4 par jour.

℞ Poudre de quassia................ 0 gr. 30
— de noix vomique............ 0 — 02
M. pour un cachet; 2 cachets par jour.

Vin tonique du type A :

℞ Extrait de colombo.................}
— de quassia.................} ââ 4 gram.
Teinture de gentiane............... 10 —
Vin de malaga.................... 1 litre.
2 verres à liqueur par jour.

Pilules du type A :

℞ Extrait de noix vomique........... 0 gr. 01
Extrait de gentiane .... 0 — 05
Extrait de quassia................ 0 — 01
Poudre de colombo. .... Q. s.
Pour une pilule ; 4 par jour.

B. — Quinquina.
Ecorce d'oranges amères.
Noix vomique.

Vin du type B :

℞ Teinture de quinquina............ 20 gram.
Teinture de noix vomique......... 2 —
Sirop écorces oranges amères...... 150 —
Lunel ou vin d'Espagne........... Q. s. pour 1 litre.
2 verres à bordeaux par jour.

Sirop composé du type B :

℞ Sirop de quinquina...............⎫
Sirop écorces oranges amères......⎭ ââ 150 gram.
Teinture de noix vomique.......... 2 gram.
Sirop de gentiane q. s. pour........ 300 cmc.
2 cuillerées à soupe par jour.

Pilules du type B :

℞ Extrait quinquina.................. 0 gr. 10
Poudre de noix vomique........... 0 — 01
Poudre de réglisse .... Q. s.
Pour une pilule ; 2 à 4 par jour.

C. — **Quinquina.**
Noix vomique.
Condurango.
Oranges amères.

Vin composé du type C :

℞ Extrait mou de quinquina.. .. .... 15 gram.
Teinture de noix vomique........... 5 —
Teinture de condurango........... 15 —
Sirop d'écorces d'oranges amères.... 100 —
Vin de malaga q. s. pour......... 1 litre.
1 verre à liqueur avant chaque repas.

XVIII. — VERMIFUGES ET TÆNIFUGES

Absinthe. — Calomel. — Ether. — Fougère mâle. — Pelletiérine. — Grenadier. — Mousse de Corse. — Santonine. — Amers. — Semen contra. — Tanaisie.

Sans association.

Pelletiérine.

S'emploie sous forme de tannate de pelletiérine suivant la formule :

℞ Sulfate de pelletiérine..... De 0 gr. 20 à 0 gr. 40
     Tannin................... De 1 —   à 1 — 50
     Sirop tartrique........... 30 gr.

A prendre à jeun en une fois ; 1 heure après faire prendre 30 gr. d'huile de ricin.

ASSOCIATIONS SYNERGIQUES

A. — **Calomel.**
     Semen contra.
     Camphre.

Pilules du type A :

℞ Semen-contra pulvérisé........... 0 gr. 08
     Calomel......................... 0 — 02
     Camphre........................ 0 — 03
     Sirop simple.................... Q. s.

Pour une pilule ; 2 à 8 le soir, en se couchant.

B. — **Absinthe.**
     Calomel.
     Santonine.

Cachets du type B :

℞ Calomel....................... 0 gr. 40
     Santonine...................... 0 — 10
     Poudre d'absinthe.............. 0 — 50

Pour un cachet ; à prendre le matin à jeun.

Pilules :

℞ Calomel....................... 0 gr. 01
     Santonine .... 0 — 05
     Extrait d'absinthe.......... .... } ãã q. s.
     Extrait de réglisse................. }

Pour une pilule n° 10 ; 2 pilules chaque matin pendant 5 jours ; se purger ensuite.

Poudre :

℞ Santonine. ....   0 gr. 10
    Calomel...............................   0 — 15
    Sucre de lait......................   1 gram.
    Pour un paquet.
        1 paquet le matin, 4 à 5 jours de suite.

C. — Ether.
    Fougère.
    Calomel.

Mélange du type C :

℞ Extrait éthéré de fougère mâle......   8 gram.
    Sirop d'éther......................   40   —
    Calomel ....   0 — 40
    Eau de menthe q. s. pour.........   150 cmc.
    A prendre en 2 fois à un quart d'heure d'intervalle.

Capsules :

℞ Extrait éthéré de fougère...........   0 gr. 80
    Calomel....................... .....   0 — 08
        F. s. a. 10 capsules semblables ; 1 capsule toutes les
2 minutes.

D. — Fougère.
    Ecorce de racine de grenadier.

Décoction du type D :

℞ Ecorces de racine de grenadier.....   50 gram.
    Eau bouillante.............. ......   250 gram.

    Passez et ajoutez :

    Extrait de fougère mâle....... ....⎫ ââ 2 gram.
    Gomme arabique...................⎬
    Sirop de menthe... ....   30 gram.
    A prendre en 2 fois à un quart d'heure d'intervalle.

E. — Mousse de Corse.
    Absinthe.
    Ecorce de racine de grenadier.

Mélange du type E

℞ Mousse de Corse....................⎫
   Absinthe.. ....⎬ ââ 10 gr.
   Ecorces de racine de grenadier......⎭
   Eau bouillante.................... 200 gr.
      Laisser infuser 1/2 heure, passer et ajouter :

   Sirop de menthe........... Q. s. pour 300 cmc.
A prendre en 2 fois à 1/4 d'heure d'intervalle.

F. — **Mousse de Corse.**
     Semen contra.

Lavement du type F.

℞ Mousse de Corse...................... 15 gr.
   Semen contra.......................... 10 —
   Eau bouillante........................ 200 —
      Faire infuser 1/2 heure.

Ce lavement, qui aura été précédé d'un lavement évacuateur, devra être conservé.

XIX. — ANTITOXIQUES.

Ipéca. — Emétique. — Café. — Tannin. — Eau albumineuse. — Solution iodo-iodurée. — Soufre. — Sérums.

ASSOCIATIONS SYNERGIQUES

A. — **Ipéca.**
     Emétique.
Employés comme vomitifs (voir plus haut).

B. — **Tannin.**
     Solution Iodo-iodurée.

Dans toutes les intoxications par les alcaloïdes, on peut prescrire les solutions ci-dessous, soit en lavage de l'estomac *tout au début*, soit prise à l'intérieur pour précipiter les alcaloïdes en compositions difficilement solubles.

℞ Tannin............................ .... 5 gr.
Eau distillée.............. Q. s. pour 1.000 cmc.
    Par 1/2 verre de 10 en 10 minutes.

ou encore :

℞ Iode métallique......................... 0 gr. 30
Iodure de potassium... .... 0 — 40
Eau distillée................................. 1.000 cmc.
    Par demi-verre de 10 en 10 minutes.

C. — **Eau albumineuse.**

Dans les intoxications mercurielles prescrire :

℞ Blanc d'œuf........................... n° 2.
Sirop de coings...................... 100 gr.
Eau distillée.............. Q. s. pour 500 cmc.
F. s. a.

250 gr. de cette préparation neutralisent 0 gr. 25 de sublimé corrosif.

N. B. — Il est important de ne pas donner un excès d'eau albumineuse, le précipité formé étant soluble dans un excès d'albumine. Aussi dans le doute le mieux est, après l'ingestion de l'eau albumineuse, de provoquer un vomissement.

D. — **Soufre.**   } Challes.
    Eaux sulfureuses. } Enghien.
℞ Soufre........... .... 50 gr.
Miel blanc...... .... 100 —
    Se prescrit *ad libitum* (coliques de plomb).

E. — Iodures.

Dans les intoxications mercurielles lentes, chroniques ou accidentelles, ordonner un purgatif salin et prescrire ensuite :

        ℞ Iodure de potassium..................... 10 gr.
        Sirop d'écorces d'oranges amères......... 40 —
        Eau distillée............... Q. s. pour 150 cmc.
                2 cuillerées à soupe par jour.

F. — **Sérum artificiel** (voir plus loin les formules).

Se prescrit en lavement (à conserver) ou en injection hypodermique de 250 à 1,000 cmc.

CHAPITRE X

La sérothérapie et l'opothérapie en pratique médicale courante

Sommaire : La sérothérapie en général. — Comment on doit faire les injections de sérum. — Injections sous-cutanées ou intra-veineuses. — Les sérums naturels et artificiels. — Sérums de bouc, d'âne, de chien. — Sérums de Hayem et de Chéron. — Sérums antitoxiques. — Sérum antidiphtérique, antistreptococcique, antitétanique, antipesteux, antivenimeux. — Existe-t-il une sérothérapie antituberculeuse ? — Sérothérapie de la fièvre typhoïde. — Sérum antialcoolique. — L'organothérapie ou opothérapie. — La découverte de Brown-Séquard. — Opothérapies thyroïdienne, rénale, ovarique, splénique, hépatique, etc. — Résultats pratiques.

Pour le praticien, la sérothérapie doit se présenter sous deux formes nettement distinctes, soit qu'on emploie les sérums naturels ou artificiels, soit les sérums antitoxiques. Nous diviserons donc les sérums en :

<table>
<tr><td rowspan="7">Sérums physiologiques.</td><td rowspan="4">Sérums naturels.</td><td>Sérum de bouc non immunisé.</td></tr>
<tr><td>— de cheval.</td></tr>
<tr><td>— d'âne.</td></tr>
<tr><td>— de chien.</td></tr>
<tr><td rowspan="3">Sérums artificiels.</td><td>Eau de mer.</td></tr>
<tr><td>Sérum de Hayem.</td></tr>
<tr><td>— de Chéron.</td></tr>
</table>

	Sérum antidiphtérique. Sérum de cheval immunisé (S. de Roux).
Sérums antitoxiques.	— antipesteux. — — — (S. de Yersin). — — —
	— antistreptococcique — — — (S. de Marmorek) — — —
	— antitétanique. — — — (S. de Kitasato). — — —
	— antituberculeux — de cobaye — (Lymphe de Koch).
	— antivenimeux de Calmettes.

La sérothérapie pratique comprend donc : 1° les
injections de liquides antitoxiques, ou sérums d'animaux vaccinés, immunisants et curateurs (exemples :
sérum antidiphtérique, sérum antipesteux) ; 2° les
injections salines ou sérums artificiels (sérum de
Hayem, sérum de Chéron) ; 3° les injections de sérum
d'animaux non immunisés, ou sérums simples (exemples : sérum de bouc, sérum de chien, sérum d'âne).

Sans vouloir faire un historique de la sérothérapie,
historique qu'on peut trouver dans les Traités de thérapeutique, nous dirons seulement que les découver-
tes de Koch (lymphe antituberculeuse, 1890) ; de
Roux, de Yersin, Kitasato, les travaux de Hayem et de
Chéron, ont vulgarisé l'emploi de ces méthodes thérapeutiques qui sont devenues aujourd'hui d'un usage
courant, au point qu'aucun médecin praticien ne
peut se désintéresser de ces questions. Le public, très
au courant de ces cures miraculeuses, serait capable
de mettre le médecin en demeure d'user de ces
remèdes féériques.

Tout médecin doit donc être outillé et prêt à pratiquer les injections des différents sérums. Les instruments dont on se sert habituellement sont la seringue de Roux, de 10 à 20 centim. cubes de capacité, ou le trocart de Dieulafoy adapté à un récipient d'un litre, muni d'un bouchon à deux tubulures.

La sérothérapie doit être pratiquée avec toutes les précautions antiseptiques d'usage ; nous ne craignons pas d'insister sur ce point.

Il est utile que l'opérateur procède au lavage rigoureux des mains, à un brossage soigneux des ongles suivi de lavage au sublimé.

La région où l'injection sera faite sera savonnée, rasée, nettoyée à l'éther, au sublimé, à l'alcool ou à l'eau de Cologne, liquide qu'on peut rencontrer un peu partout.

Quant au récipient ou à la seringue à l'aide desquels on procédera à l'injection, ils doivent être stérilisés par immersion d'un quart d'heure dans l'eau bouillante ou flambage à l'alcool. Il est bon de se servir de seringues complètement démontables dont les divers éléments peuvent être stérilisés séparément à l'eau bouillante (seringue en verre de Luer). Il est toujours préférable de procéder à cette stérilisation en présence du malade ou de son entourage. Si dans la suite il survenait un abcès consécutif à l'injection, on ne pourrait pas vous accuser d'avoir négligé d'observer toutes les règles antiseptiques. Une petite casserole et une lampe à alcool suffisent pour faire bouillir pendant quelques minutes le trocart, la seringue et les tubes de caoutchouc. Les aiguilles en platine iridié, sont passées à la flamme de la lampe à alcool, avec soin.

La voie sous-cutanée est la plus généralement employée quand il s'agit de sérums antitoxiques : les régions choisies sont celles des flancs, les régions fessières et rétro-trochantériennes, région externe de la cuisse, région inter-scapulaire, etc. Nous étudierons les quantités de sérum à injecter suivant les indications et les maladies.

Pour les sérums artificiels, on a recours soit à la méthode hypodermique, soit à la méthode intra-veineuse.

Dans la pratique courante, sauf des indications d'urgence absolue, je déconseille formellement le second procédé, qui peut exposer à des accidents et qui exige une pratique et une habileté de main particulières. Toutefois il ne sera pas inutile de connaître le manuel opératoire d'une petite opération qu'on peut être appelé à pratiquer dans un cas urgent.

On choisit de préférence la médiane céphalique, la veine de la saignée, qu'on fait saillir à l'aide d'un lien constricteur supérieur comme pour la phlébotomie. On assure l'antisepsie, aussi rigoureuse que possible, des mains de l'opérateur, de la région, des instruments et des solutions. On dissèque méthodiquement les différents plans qui séparent la peau de la veine, et on introduit l'aiguille, ou la canule (de Potain ou de Dieulafoy) qui servira à injecter le liquide, dans le sens du courant sanguin. Inutile de dire qu'il faut se garder soigneusement d'injecter de l'air dans la veine. On fait passer ainsi dans le torrent circulatoire 500 ou 600 c. c. de solution saline, sous une pression de 50 ou 60 centim. à raison de 50 à 100 c. c. à la minute : il faut d'ailleurs surveiller prudemment le débit du liquide. Cela terminé, on applique un pansement simple occlusif, tout comme après la saignée : les suites sont généralement très bénignes. Cette méthode est préférable à celle qui consiste à piquer, à l'aveugle, la veine à travers la peau, sans la découvrir au préalable.

*
* *

Nous allons passer en revue les différents sérums naturels employés en thérapeutique et nous étudierons ensuite les formules des solutions salines injectables.

Sauf dans la transfusion, où l'on introduit dans le système circulatoire d'un malade du sang humain, le sérum d'homme est sans emploi, comme sans indications pratiques. Dans diverses affections, mais principalement dans la tuberculose, certains médecins ont préconisé les injections sous-cutanées de sérum de bouc, d'âne ou de chien, se basant sur le pouvoir bactéricide naturel de ces liquides pour le microorganisme pathogène de la tuberculose. Il n'entre pas dans le cadre de cet ouvrage d'examiner la valeur théorique de ces traitements; il me sera cependant permis de dire que chez certains tuberculeux, on en obtient souvent des améliorations et surtout l'augmentation de l'appétit et des forces : l'état général serait influencé d'une façon très favorable.

Ces différents sérums sont préparés dans les laboratoires et fournis aux médecins en tubes ou ampoules scellés, convenablement stérilisés. Les doses à administrer journellement sont de 5 à 10 c. c. ; les injections pratiquées avec la seringue ordinaire de Roux, sont faites au flanc ou à la cuisse. Les sujets soumis au sérum de bouc, par exemple, pendant un certain temps, à la longue, n'en tirent plus grand bénéfice : l'observation clinique paraît démontrer qu'il est bon de changer et de remplacer le sérum de bouc, par celui d'âne ou de chien. Le pouvoir bactéricide avec le second sérum reprend toute sa puissance, celle du premier ayant sensiblement diminué.

D'un plus commun usage sont, en pratique, les sérums physiologiques artificiels.

On peut ainsi résumer les indications principales des injections de sérum artificiel.

a) Métrorrhagie, traumatisme, vomissements de la grossesse, opérations et suites opératoires, hémorrhagies pathologiques (hémoptysies, hématémèses, hémorrhagies intestinales).

b) Dysenterie, choléra, infections gastro-intestinales infantiles, péritonite aiguë, fièvre typhoïde, maladies qui amènent des altérations dans la quantité et la qualité du sang.

c) Variole, diphtérie, éclampsie, folie, épilepsie, leucocythémie, anémie pernicieuse progressive, empoisonnement, etc., états dans lesquels il y a altérations réelles ou présumées du sang.

Dans tous ces cas, on prescrit habituellement un des sérums dont nous donnons ci-après la formule :

Formule de HAYEM.
$\left\{\begin{array}{l}\text{Chlorure de sodium.. .} \quad 5 \text{ gram.} \\ \text{Sulfate de soude.......} \quad 10 \text{ gram.} \\ \text{Eau distillée bouillie...} \quad 1000 \text{ c. c.}\end{array}\right.$

N. B. — Chauffez au bain-marie à 38°, et injectez par la voie hypodermique ou veineuse à la dose de un demi à deux litres en 24 heures.

Formule de CHÉRON.
$\left\{\begin{array}{lll}\text{Phosphate de soude pur.} & & 4 \text{ gram.} \\ \text{Sulfate de soude.....} & » & 8 \text{ —} \\ \text{Chlorure de sodium..} & » & 2 \text{ —} \\ \text{Acide phénique......} & » & 1 \text{ —} \\ \text{Eau stérilisée... ....} & » & 100 \text{ c. c.}\end{array}\right.$

N. B. — A injecter 5 ou 6 gr. tous les jours ou tous les deux jours. On supprime volontiers aujourd'hui l'acide phénique de ce sérum.

Formule de SUTON.
$\left\{\begin{array}{lll}\text{Phosphate de soude pur.} & & 5 \text{ gram.} \\ \text{Sulfate} & » \quad » & 10 \text{ gram.} \\ \text{Eau distillée.......} & » & 100 \text{ c. c.}\end{array}\right.$

N. B. — Injecter 1 à 5 gr. tous les huit jours.

Formule de HUCHARD.
$\left\{\begin{array}{ll}\text{Phosphate de soude....} & 10 \text{ gram.} \\ \text{Chlorure de sodium.....} & 5 \text{ —} \\ \text{Sulfate de soude........} & 2 \text{ gr. 50} \\ \text{Acide phénique neigeux} & 1 \text{ —} \\ \text{Eau stérilisée.........} & 100 \text{ c. c.}\end{array}\right.$

N. B. — On injecte 5 à 10 gr de cette solution.

Toutes ces formules sont également bonnes, mais la plus facile à se rappeler est certainement la suivante :

Sérum physiologique.
$\left\{\begin{array}{ll}\text{Chlorure de sodium.......} & 7 \text{ gr. 50} \\ \text{Eau stérilisée...........} & 1 \text{ litre.}\end{array}\right.$

dont on peut injecter par la voie hypodermique ou intra-veineuse plusieurs litres en vingt-quatre heures : c'est la formule de Hayem très simplifiée. Dans la pratique courante, ces solutions sont préparées et fournies par le pharmacien et par conséquent doivent être formulées sur une ordonnance par le médecin. Il serait très mauvais de se contenter d'écrire : *Sérum physiologique*, car le pharmacien serait en droit de retourner l'ordonnance au médecin pour complément d'explications. On formulera :

Sérum de Hayem.

En ampoules stérilisées de 250 ou 500 gr.

***

Depuis la découverte de Roux, la médication anti-diphtérique a rapidement pris droit de cité dans la thérapeutique. A chaque instant dans la clientèle, le médecin peut avoir à soigner par le sérum de Roux des malades atteints de la diphtérie. Tous les médecins savent, aujourd'hui, que c'est le cheval immunisé qui fournit le sérum antidiphtérique : préparé dans le laboratoire des Instituts Pasteur, et principalement à l'Institut Pasteur de Paris, il est vendu en flacons de 10 c. c. par le pharmacien, sur ordonnance du médecin. Les injections sont pratiquées généralement au flanc à la dose de 10 à 20 c. c. Elles sont préventives autant que curatives. Elles n'offrent que des inconvénients insignifiants (urticaire, érythème polymorphe, douleurs articulaires). Aussi est-on toujours autorisé à vacciner préventivement, dans un milieu épidémique, les enfants exposés à la contagion.

Appelé auprès d'un malade présentant une affection suspecte de la gorge, le médecin, même avant tout examen bactériologique, pratique une injection d'une dose de 10 c. c. de sérum de Roux ; il continuera le traitement quand le diagnostic aura été établi par le microscope.

Sur la demande du médecin, les laboratoires spéciaux livrent des tubes à ensemencement dans lesquels on promène sur la surface de la gélatine une spatule stérilisée, mise préalablement en contact avec les exsudats amygdaliens du malade. Au bout de vingt-quatre heures de culture on peut être renseigné sur la nature microbienne de l'angine.

Le sérum de Roux diminuant de vigueur au bout de trois ou quatre mois, il est bon de constamment avoir des flacons fraîchement préparés : ils portent toujours une date d'origine.

Le sérum antistreptococcique, comme son nom l'indique, peut être employé dans toutes les affections dues à la présence du streptocoque ; fièvres puerpérales, angines pseudo-membraneuses, bronchopneumonies, infections post-opératoires, septicémies, angines diphtériques associées, érysipèles.

La dose habituelle est de 10 à 20 c. c. ; mais il est considéré comme assez inoffensif puisque Chantemesse a pu en injecter jusqu'à 300 c. c. *pro die* chez le même malade. Les doses doivent être renouvelées pendant quatre ou cinq jours : 40 ou 50 c. c. suffisent souvent à amener la disparition des symptômes.

Le sérum antitétanique paraît également posséder des vertus curatives et préventives : les doses curatives sont, d'après l'avis de Roux et Vaillard, de 100 c. c. d'emblée ; 20 ou 30 c. c. seraient suffisants comme prophylactique. Elles présentent des indications nettes quand les malades sont porteurs de plaies qui peuvent faire supposer que des accidents tétaniques sont possibles ou imminents. C'est la meilleure méthode de traitement quand le tétanos est définitivement constitué.

Dans la thérapeutique sérothérapique de la peste, on se sert encore du sérum de cheval immunisé.

Les doses de sérum à injecter varient suivant la période de la maladie à laquelle on se trouve :

Le premier jour 20 ou 30 c. c. suffisent.
— deuxième — 30 à 50 —   —
— troisième — 40 à 60 —   —
— quatrième ou cinquième jour 90 c. c. d'emblée sont nécessaires.

Actuellement, il existe deux procédés d'immunisation contre la peste ; le procédé d'Haffkins, inoculation de culture de peste, et le procédé de Roux et de Yersin par le sérum anti-pesteux. La première méthode confère une immunité de longue durée, mais elle est lente à se produire ; de plus, pendant la période de réaction elle met l'organisme en état de réceptivité toute particulière à l'égard de la peste. Ce n'est pas une méthode à employer en temps d'épidémie dans une ville. Au contraire, avec le procédé de Roux-Yersin, l'immunité s'établit d'emblée ; mais, malheureusement, elle est de courte durée (quinze jours au plus) ; par contre, elle ne présente pas de période de réaction dangereuse, comme la méthode d'Haffkins.

L'inconvénient du sérum de Roux-Yersin est la quantité assez grande de sérum nécessaire pour immuniser chaque individu (environ 10 c. c.). On comprend qu'en cas d'épidémie on puisse manquer de sérum.

M. Calmette, directeur de l'Institut Pasteur de Lille, envoyé à Oporto par le gouvernement français pour étudier la peste, a eu l'heureuse idée de combiner les deux méthodes, en injectant en même temps 3 c. c. de sérum antipesteux. Ce procédé confère d'emblée l'immunité contre la peste, sans présenter de période dangereuse, et l'immunité est conférée pour un temps beaucoup plus long qu'avec le sérum antipesteux employé seul.

On doit également à M. Calmette le sérum antivenimeux curateur pour les morsures de serpents, à la dose de 10 à 15 c. c. ; ces doses doivent être doublées ou triplées dans les cas graves et urgents.

Après avoir passé en revue les principaux sérums antitoxiques, il y a lieu de se demander s'il existe actuellement un sérum antituberculeux ayant fait réellement ses preuves scientifiques. Il n'est pas possible de répondre par l'affirmative ; aussi dans la pratique peut-on négliger ce mode de traitement de la tuberculose.

Dans ces dernières années on s'est également beaucoup préoccupé du traitement sérothérapique do la fièvre typhoïde ; mais les résultats obtenus sont encore trop peu certains et ne peuvent encore être retenus par le praticien.

* *

La méthode organothérapique ou opothérapique

(ὅπος, suc) consiste en l'introduction, dans l'économie, de tissus frais ou crus des différents organes des animaux, ou de sucs qu'on a pu retirer de ces substances.

Les principaux modes d'absorption sont :

a) La voie gastro-intestinale (tablettes, organes) ;
b) Injection sous-cutanée (sucs préparés) ;
c)   —   intra-péritonéale (—   ) ;
d)   —   intra-veineuse (—   ).

La découverte de Brown-Séquard a été le point de départ des tentatives faites de tous côtés pour le traitement par l'opothérapie.

On reconnaît aujourd'hui, en pratique, l'emploi de :

L'opothérapie thyroïdienne ;
        —   thymique ;
        —   du corps pituitaire ;
        —   des capsules surrénales ;
        —   de la rate ;
        —   testiculaire ;
        —   ovarique ;
        —   hépatique ;
        —   pancréatique ;
        —   prostatique ;
        —   des glandes mammaires ;
        —   rénale ;
        —   des poumons ;
        —   de la moelle des os ;
        —   du système nerveux ;
        —   des extraits de muscles.

A. — *Opothérapie thyroïdienne.* — On emploie ordinairement les injections sous-cutanées d'extraits livrés, en tubes scellés, par le commerce, ou encore l'ingestion de l'organe frais ou desséché par la voie stomacale ou rectale.

La glande fraîche est administrée à la dose journalière de 1 à 4 gr.

La glande desséchée (thyroïdine) est employée en tablettes ou capsules de 0 gr. 10, deux à trois tablettes par jour.

La thyroïdine ou iodothyrine de Beauman, en comprimés, 1 à 5 gr.

Les principales indications de l'opothérapie thyroïdienne sont :

Le myxœdème de l'adulte ou le myxœdème infantile ;
Le crétinisme sporadique ou endémique ;
Le nanisme, l'infantilisme, le retard de croissance, le retard de puberté ;
Nutrition retardée, obésité, diabète ;
Métrorrhagie avec dysménorrhée ; myôme ou fibromyôme utérin ;
Asthénie cardiaque.
Retard de consolidation des fractures ou pseudarthroses.

Empiriquement on l'a encore essayée avec quelques résultats heureux dans :

La tétanie, l'épilepsie, la catalepsie, l'éclampsie infantile, l'aliénation mentale, la sclérodermie, l'hémiatrophie faciale, l'atrophie musculaire myopathique, la maladie d'Addison, l'hémophilie, l'ostéomalacie, le psoriasis, l'ichtyose, l'eczéma.

B. — *Opothérapie thymique.* — Consiste à faire ingérer 10 à 15 grammes de thymus de mouton par jour.

Employée contre le goître, l'athrepsie et l'hérédosyphilis des nouveau-nés.

C. — *Opothérapie pituitaire.* — On emploie la glande pituitaire du veau, en poudre desséchée, sous forme de tablette de 0 gr. 10, ou en ingestion directe, dans l'acromégalie.

D. — *Opothérapie des capsules surrénales.* — On se sert des capsules surrénales du veau ou du mouton qu'on administre sous forme de :

1º Poudre sèche, tablettes de 0,20 (dose de 2 à 3 gr.) ;
2º Injection hypodermique d'extraits ;
3º Glande fraîche (dose 2 à 5 gr. par jour).

Les principales indications de l'opothérapie des glandes surrénales sont : la maladie d'Addison, l'asthénie cardiaque, le diabète insipide, le goitre exophtalmique, l'hémostase interne.

E. — *Opothérapie de la rate.* — Dans les différents essais on employait soit la pulpe de l'organe, soit la poudre, soit un extrait aqueux ou glycériné ; sa principale indication est l'impaludisme chronique.

F. — *Opothérapie testiculaire.* — Brown-Séquard employait surtout les injections sous-cutanées d'extrait orchitique glycériné.

Elles sont indiquées dans la neurasthénie, l'impuissance, la débilité physique, la sénilité. Elles ont une action excitante et reconstituante du système nerveux très-manifeste.

G. — *Opothérapie ovarique.* — On emploie généralement l'ovaire en ingestion directe, soit en poudre desséchée, soit en tablettes à la dose moyenne de 10 à 20 centigr. par jour, ou les injections sous-cutanées d'extrait glycériné.

Employée surtout dans la chlorose, les troubles de la ménopause, la castration chirurgicale double, l'aménorrhée, la dysménorrhée, l'hystérie, la neurasthénie.

H. — *Opothérapie hépatique.* — Employée par la voie hypodermique, stomacale ou rectale, sous la forme de glande fraîche à la dose de 10 gr. par jour, ou d'extraits.

Indiquée dans les affections du foie, les maladies par ralentissement de la nutrition, paludisme, diabète, etc.

I. — *Opothérapie pancréatique.* — Ingestion du pancréas en nature, extraits secs, lavements ou injections hypodermiques d'extraits liquides.

A été surtout employée dans certaines lésions du pancréas et principalement dans le diabète maigre.

J. — *Opothérapie des glandes mammaires.* — Employée à la dose de 0 gr. 75 ou 1 gr. de poudre sèche de glandes mammaires dans les myômes utérins.

K.— *Opothérapie rénale.*— Injection hypodermique d'extrait glycériné, recommandée dans l'urémie (propriétés peu connues).

L. — *Opothérapies diverses.* — Poumons, moelle des os, substance nerveuse, muscles, etc.

Moelle des os. — Préconisée à l'état frais : 30 à 100 gr. pour les adultes. Anémies graves, leucémie, purpura, chloro-anémie, rachitisme.

Pour conclure, nous dirons que l'opothérapie est encore, dans ses détails, à l'étude et qu'il convient de n'accepter, en pratique courante, que les résultats vraiment acquis.

En terminant ce chapitre nous donnons une table des principales indications de la sérothérapie.

Tableau des principales indications de la sérothérapie.

Sérum physiologique.	Sérum artificiel....	Vomissements de la grossesse. Gastrorrhagie. Métrorrhagie. Infection gastro-intestinale infantile. Péritonite aiguë. Éclampsie puerpérale. Neurasthénie. Épilepsie. Hémorrhagie intestinale des typhiques. Accidents urémiques. Choléra. Fièvre typhoïde. Variole.
	Sérum naturel (bouc, âne, chien, sérum marin..........	Tuberculose (?)
Sérum antitoxique.	Sérum antistreptococcique........	Fièvre puerpérale. Angine pseudo-membraneuse. Broncho-pneumonie. Infection post-opératoire. Septicémie. Érysipèle. Angine diphtérique associée.
	Sérum antidiphtérique...........	Diphtérie. Curatif et préventif.
	Sérum antipesteux.	Peste. Curatif et préventif.
	Sérum antituberculeux............	Lymphe de Koch, tuberculine? Tuberculose. T. R. —
	Sérum antitétanique............	Tétanos.
	Sérum antivenimeux..........	Morsures de serpents.

CHAPITRE XI

Les antiseptiques

Tous les médecins appartenant aux générations nouvelles ont fait leurs études chirurgicales dans des hôpitaux où l'asepsie et l'antisepsie sont si merveilleusement installées, où se trouve un personnel si bien stylé et si parfaitement instruit, que la pratique des *pansements propres* paraît la chose la plus simple du monde. Les solutions sont toutes préparées, les objets de pansements, ouate, gaze, bandes sont stérilisés et tout, en un mot, est à la portée de la main des étudiants qui chaque jour reçoivent l'enseignement qui leur démontre l'importance capitale de l'antisepsie ou de l'asepsie, de la propreté en un mot. Il est loin d'y avoir autant de commodités dans la clientèle privée : encore dans les grandes villes possède-t-on des commodités précieuses : gardes, sœurs, infirmiers dont l'éducation est déjà faite et dont l'aide est précieuse pour le médecin. Quelques chirurgiens n'opèrent que dans des maisons de santé spéciales, où ils retrouvent toute la sécurité des salles d'opérations des hôpitaux. Les médecins des petites villes, les praticiens de campagne, ont tout à improviser, tout à créer, tout à surveiller. Aussi leur embarras est-il bien grand, quand livrés à eux-mêmes ils doivent songer aux moindres détails et demander, sur une ordonnance, au pharmacien tous les éléments de leur attirail antiseptique. Il faut alors *formuler*. L'embarras, même pour les praticiens instruits, commence. J'ai connu des médecins, aux débuts de leur clientèle, ne sachant pas que le sublimé exigeait pour se dissoudre, dans un litre d'eau, l'adjonction d'un gramme d'acide tartrique ou d'une certaine quantité d'alcool. Nous supposerons que les éléments les plus simples sont nécessaires aux débutants et nous donnerons les premiers principes indispensables.

Trois antiseptiques principaux se présentent à l'esprit du médecin pour la désinfection rigoureuse d'une plaie : deux sont d'une action énergique, mais souvent irritante, je veux dire : le sublimé et l'acide phénique ; le troisième, moins actif, mais infiniment moins caustique, l'acide borique.

Certaines précautions sont requises aujourd'hui pour prescrire le sublimé. Cette substance dangereuse à cause de sa grande toxicité a donné lieu à de nombreux empoisonnements dus à des erreurs vulgaires : aussi a-t-on pris le parti de colorer les solutions à l'aide du carmin ou de l'indigo.

Exemple :

℞ Sublimé............................ 1 gram.
  Acide tartrique..................... 1 —
  Indigo ou carmin.................. Q. s. pour colorer.
  Eau bouillie.... .... 1 litre.
    F. s. a. pour usage externe.

Il est également utile de savoir que cette solution ne devra être prescrite que si la quantité d'antiseptique dont on pourra avoir besoin n'est pas considérable ; dans le cas contraire, il serait plus pratique de formuler des paquets que le malade, ou son entourage, mettra lui-même dans un litre d'eau bouillie.

℞ Sublimé.................... ....⎫āā 1 gram.
  Acide tartrique....................⎬
  Indigo ou carmin................. Q. s. pour colorer.
    M. pour un paquet, n° 10. Un paquet pour un litre
    d'eau bouillie. Pour usage externe.

On peut également prescrire la *liqueur de Van Swieten* dont la composition a été récemment modifiée par le *Codex medicamentarius*.

Aujourd'hui on trouve dans le commerce du *papier sublimé*, ou des pastilles, contenant un gramme de bichlorure de mercure prêt à être dissous dans l'eau bouillie : pour les habitudes courantes ces préparations sont très commodes.

L'acide phénique est d'un maniement qui passe

pour plus délicat : ses solutions, même étendues, sont toujours assez caustiques pour déterminer des brûlures douloureuses, si les pièces du pansement (quand il s'agit de pansements humides) restent trop longtemps en contact avec la peau, et il faut se défier au moins autant des solutions faibles laissées trop longtemps en place que des solutions fortes. Je conseille de formuler :

℞ Acide phénique.................}āā 20 gram.
   Alcool...........................)
   Eau.............................. ..... Q. s. pour un litre,
      M. s. a., pour usage externe.

Ce n'est donc qu'une solution à 2 p. 100, en général assez puissante ; encore faut-il prendre garde que le pharmacien délivre un liquide dans lequel des gouttelettes d'acide phénique ne surnagent pas : leur contact avec l'épiderme ou les muqueuses déterminerait des irritations ou même des brûlures. Ceci est encore plus à craindre avec la solution forte :

℞ Acide phénique.................}āā 50 gram.
   Alcool...........................)
   Eau.............................. 900 gram.
      M. s. a., pour usage externe.

L'usage en sera réservé à des cas bien déterminés, et son emploi devra toujours être rigoureusement surveillé par le médecin.

Beaucoup moins caustiques et toxiques sont les solutions d'acide borique, d'une valeur antiseptique secondaire, d'ailleurs, mais cependant utiles en bien des circonstances.

On formule babituellement :

℞ Acide borique.................... 40 gram.
  Eau bouillie...................... 1000   —
      F. s. a. pour usage externe.

C'est la solution *saturée* à 4 p. 100. Il faut savoir
qu'un moyen pratique de faire préparer, à domicile.
cette solution, c'est de prescrire une cuiller à soupe
ou deux d'acide borique en poudre dans un litre
d'eau bouillante. On décante et on obtient la solution
saturée.

L'antisepsie par les solutions de sublimé et d'acide
phénique n'est pas exempte de dangers : ils tiennent
au défaut de solubilité, à la toxicité, à la causticité.
L'addition d'acide tartrique ou d'alcool au sublimé
est un remède suffisant au premier inconvénient.
La toxicité du sublimé doit rendre très prudent dans
la prescription et l'usage du médicament : en colorant
les solutions on attire l'attention des malades pour
éviter les erreurs les plus regrettables. Le défaut de
solubilité est un danger dans l'emploi de l'acide
phénique.

On a songé à augmenter la solubilité, et à la fois la
valeur antiseptique du mélange, en réunissant dans
une même formule plusieurs antiseptiques.

Phénosalyl :

℞ Acide phénique.................. 90 gram.
  —   salicylique................ 10   —
  —   lactique 20   —
  Menthol. 1   —

Eucalyptol   5   —
Essence de Wintergreen.....   5   —
>M. s. a. 1 cuillerée à soupe pour 1 litre eau.

Cet antiseptique est plus énergique, moins toxique et moins caustique que l'acide phénique employé seul en solution.

Nous prescrivons habituellement une solution qui se rapproche un peu de la précédente, mais qui a une solubilité plus grande, même dans l'eau froide.

℞ Acide phénique...................   9 gram.
  —   salicylique.........   3   —
  —   benzoïque   2   —
  —   lactique...................   1   —
>M. s. a. Eau pour 1 litre.

M. Lucas-Championnière est resté un partisan très chaud et très convaincu de l'utilité et de l'efficacité de l'emploi de l'acide phénique. Il recommande les solutions suivantes :

Solution forte (au 20°,5 p. 100).

Phénol absolu..................   20 gram.
Glycérine......................   50   —
Eau bouillie..................   1 litre.

Solution faible (au 40°, 2 1/2 p. 100).

Phénol absolu..................   25 gram.
Glycérine......................   25   —
Eau bouillie..................   1 litre.

Si on veut, dit M. Lucas-Championnière *(Pratique de la chirurgie antiseptique*, p. 189) avoir un liquide particulièrement doux, comme pour le lavage des muqueuses, il n'y a aucun inconvénient à mettre deux fois autant de glycérine que d'acide phénique.

On a préconisé récemment un antiseptique très employé, vu son prix très modique, le lysol. Voici quelques formules :

Solution pour pansements :

Lysol......... .... 2.50 à 5 gram.
Eau distillée........... ..... 1000 —

Solution pour plaies infectées :

Lysol .... 20 gram.
Eau............................. 1000 —

Solution pour désinfecter des instruments ou des locaux .

Lysol........................... 50 gram.
Eau............................. 1000 —

A ces mélanges antiseptiques appartiennent les solutions désodorisantes d'un emploi thérapeutique précieux pour la désinfection des selles ou des plaies à mauvaise odeur. J'ai l'habitude de donner la formule suivante :

℞ Essence de thym.................⎱ ââ 20 gram.
   — de lavande...............⎰
   — de bergamote.............. 0.50 —
Alcool à 90°.................. .... Q. s. pour un litre.
    M. s. a.

Ces solutions servent non seulement à la désinfection des selles, des plaies fétides, à des inhalations dans la bronchite fétide, mais encore sont d'un usage courant pour le lavage et la désodorisation des mains. La valeur des essences, on le sait, comme antiseptique n'est pas à dédaigner : leur seul inconvénient est souvent leur prix de revient trop élevé.

14

M. Lucas-Championnière a été le promoteur et le vulgarisateur de la méthode d'antisepsie par les essences. Leur défaut presque constant et absolu de solubilité empêche la généralisation de leur emploi ; elles sont peu diffusibles dans les tissus.

« Ce sont des substances actives par leur contact, dit l'éminent chirurgien... La plus puissante de ces essences est sans contredit l'*essence de cannelle*. Un pharmacien qui l'a beaucoup étudiée dans mon service, M. André, l'ayant trouvée dans le commerce, souvent altérée par le contact de l'air et la lumière, l'avait distillée avec soin, puis lui avait donné après cette purification, le nom de *cinnamol* pour la distinguer de l'essence du commerce.

« L'essence de cannelle avait une telle puissance antiseptique que j'ai pu en faire un topique régulier pour un bon nombre de grandes opérations. »

(Voir plus loin les formules de pommade avec le cinnamol).

Les quelques formules suivantes sont utiles à signaler.

℞ Acide thymique...................... 2 à 4 gram.
   Alcool............................... 100 —
   Eau distillée bouillie, q. s. pour.... 1000 —
      M. s. a.

Nous recommandons encore :

℞ Cyanure mercurique .... 1 gramme.
   Borate de soude.................... 2 —
   Chromate de potasse............... q. s. p. colorer.
f. un paquet — un paquet pour un litre d'eau bouillie.

Cette solution n'abîme pas les instruments nickelés, avantage précieux qui dispense le chirurgien d'avoir une solution pour les mains et une autre pour les instruments. (Braquehaye).

Autre :

℞ Formol .... 5 gr.
Thymol pulvérisé.................. 5 —
Essence de thym blanc............)
— de lavande.............⟩ ââ 2 gr. 50
— de romarin ....
Teinture de ratanhia..............)
Alcool à 90°.............. .... 500 gr.

Autre :

℞ Phénol absolu................ .... 50 gr.
Thymol............................. 3 —
Alcool à 90°........................ . 50 —
Eau bouillie................ .... 1000 —
(Pour pulvérisations dans la chambre du malade).

M. Lucas-Championnière, dans un livre récent sur l'antisepsie (1) recommande l'*eau oxygénée* : il en vante la puissance antiseptique. Elle n'est pas toxique. « Elle arrête, dit-il, la vie du microbe, mais ne saurait être un poison à proprement parler pour l'économie du sujet. »

L'eau oxygénée, d'après Lucas-Championnière, doit être surtout employée en lavage pour les plaies : son usage comme topique permanent serait une erreur. Elle lutte surtout d'une façon merveilleuse contre l'envahissement septique des plaies.

(1) Lucas-Championnière. *Pratique de la chirurgie antiseptique*, 1 vol. in-8°. G. Steinheil, éditeur, Paris, 1909.

Son emploi et son usage, en chirurgie, doivent être surveillés. Si elle détruit les germes, elle nuit aussi à la longue à la vitalité des cellules de réparation des plaies, et de fait, retarde une cicatrisation, si on n'y fait pas attention.

Toutefois, bien maniée et à titre de désinfectant énergique, l'eau oxygénée est un antiseptique de tout premier ordre.

*
* *

Le pansement de certaines plaies, des ulcères, des eczémas, etc., exige souvent l'emploi d'antiseptiques en poudre qui sont dessiccants, microbicides et en même temps aident à l'évolution des bourgeons charnus que les applications humides pourraient entraver. La plus classique de ces substances est certainement l'iodoforme, dont nous n'avons pas à vanter les avantages. Au contraire, nous insisterons sur ses inconvénients : d'une part sa toxicité, d'autre part sa mauvaise odeur. On a cherché longtemps par tous les moyens possibles à masquer ce dernier défaut par l'adjonction des essences aromatiques (1)

(1) Voici à titre de curiosité, quelques-unes de ces formules :

℞ Café.................................... 20 gr.
 Iodoforme............................... 40 —

℞ Acide phénique........................ 0 — 05
 Iodoforme............................... 10 —

℞ Camphre............................... 5 —
 Essence de menthe...................... 2 —
 Iodoforme............................... 15 —

les plus diverses ; on n'a jamais obtenu de résultats satisfaisants. Ainsi s'est-on empressé de rechercher d'autres poudres antiseptiques dont la valeur serait au moins égale à celle de l'iodoforme, mais qui seraient dépourvues de son odeur repoussante.

Notre distingué collègue à l'Hôpital civil français de Tunis, le D' Braquehaye, a eu l'extrême obligeance de nous signaler une méthode peu connue de désodorisation de l'iodoforme. Si, après avoir fait des pansements avec cette substance ou l'avoir manipulée, on se frictionne les mains avec de l'eau de fleur d'oranger, la mauvaise odeur disparaît complètement. En mélangeant l'iodoforme avec une petite quantité de fleur d'oranger, on en atténue l'odeur.

Aujourd'hui ces formules peuvent être avantageusement remplacées par l'usage d'un des nombreux succédanés de l'iodoforme préconisés depuis une dizaine d'années.

Parmi les poudres qu'on peut avantageusement substituer à l'iodoforme nous citerons :

> L'aristol (thymol bi-iodé) ;
> Le bromol (tribromophénol) ;
> L'airol (oxyiodogallate de bismuth) ;
> Le dermatol (sous-gallate de bismuth) ;
> L'iodol (dérivé de l'iode et du pyrrol) ;
> La résorcine (dioxybenzine) ;
> Le salol (salicylate de phénol) ;
> L'orthoforme et le diiodoforme.

L'*aristol* passe pour être supérieur à l'iodoforme ; il n'en a surtout ni la toxicité ni la mauvaise odeur.

On s'en sert en applications sur les plaies, et sous

forme d'éther aristolé, de collodion ou de vaseline à l'aristol.

Exemples :

℞ Aristol.................................... 1 gr.
    Éther..................................... 10 —
    M.

℞ Aristol ....⎫ āā 1 gr.
    Huile de ricin ....⎰
    Collodion .... 8 —
    M.

Comme le dermatol dont il dérive, l'*airol* est doué d'une action dessicative et cicatrisante très énergique. Ses propriétés antiseptiques sont assez marquées ; on l'a employé à la place du dermatol et de l'iodoforme. Il se présente sous la forme d'une fine poudre d'un gris verdâtre ne possédant ni saveur ni odeur.

Crayon intra-utérin pour métrite :

℞ Airol .... 0 gr. 50
    Salicylate de méthyle .... 0 gr. 20
    Gomme...................⎫
    Glycérine...............⎬ Q. s. pour un crayon.
    Amidon ....⎭

Le *bromol* est employé également en applications ; on peut prescrire une huile bromolée :

℞ Huile d'olives........................... 150 gr.
    Bromol.................................. 5 —

Ou :

℞ Glycérine............................... 25 gr.
    Bromol.................................. 1 —

Le *dermatol* est un excellent succédané de l'iodoforme. Personnellement, j'ai complètement abandonné
depuis plus de douze ans l'usage de l'iodoforme, que
j'ai tout à fait remplacé par le dermatol. Je n'ai
eu qu'à me louer de ses propriétés : il est surtout très
cicatrisant et quelque peu anesthésiant. Je l'emploie
aux mêmes doses que l'iodoforme dans le pansement
de toutes les plaies et m'en suis très bien trouvé également en gynécologie.

L'*iodol*, qui est presque inodore, passe pour être
supérieur à l'iodoforme. On peut prescrire un collodion ainsi formulé :

℞ Iodol..	10 gr.
Alcool à 75°....................................	16 —
Éther..	64 —
Coton-poudre...................................	4 —
Huile de ricin...................................	6 —
F. s. a.	

Les mêmes formules que celles de l'iodoforme
peuvent être indiquées pour l'iodol.

La *résorcine*, usitée contre les ulcères syphilitiques et scrofuleux, peut être employée en pommade
ou en collodion, mais elle donne lieu chez certains
sujets à des éruptions médicamenteuses.

Le *salol* est un précieux antiseptique externe ou
interne. Nous ne nous occuperons pour le moment
que de sa valeur comme topique. On l'incorpore à la
vaseline : on vend dans le commerce de la gaze
salolée pour remplacer la gaze iodoformée. Sur
quelques plaies atoniques il faut en surveiller l'em-

ploi ; il peut se décomposer en ses deux éléments, acide phénique et acide salicylique, et devenir irritant ou donner lieu à des éruptions spéciales.

Il faut éviter de le mélanger, dans des formules de poudres composées, avec le naphtol ou le camphre : il produit avec ces corps des mélanges déliquescents.

Dans les brûlures il est d'un usage précieux ; on peut prescrire :

℞ Huile d'olives lavée à l'alcool et stérilisée... 60 gr.
Eau de chaux.............................. } āā 10 —
Salol.....................................

L'*orthoforme* est à la fois un antiseptique et un anesthésique local précieux : il est surtout indiqué dans les plaies douloureuses, les brûlures, les lésions prurigineuses. On a signalé récemment des éruptions particulières dues à l'emploi prolongé de ce médicament. On peut, comme l'iodoforme, l'incorporer à la vaseline, à la lanoline, ou le prescrire mélangé à de l'amidon, du talc ou de l'oxyde de zinc. Mêmes formules pour le *diiodoforme*.

***

La plupart de ces médicaments peuvent être employés, en mélange, avec d'autres poudres et former des topiques excellents. Nous donnerons quelques-unes de ces formules :

℞ Amidon .... } āā 15 gr.
Talc.....................................
Dermatol................................. 20 —
Oxyde de zinc........................... 15 —

Mélange excellent pour les plaies eczémateuses ou variqueuses.

    ℞ Salol.............................. 1 gr.
       Acide salicylique................. 0 — 20
       Tannin............................ 0 — 10
       Acide borique..................... 4 —

Poudre à employer contre le coryza aigu :

    ℞ Acide citrique....................⎱ ââ 5 gr.
       Sucre de lait.....................⎰
       Salol............................. 2 -
       Poudre de benjoin................. 5 —

Même emploi que la précédente.

    ℞ Dermatol .... 10 gr.
       Poudre de quinquina .... 15 —
       Orthoforme........................ 5 —
       Morphine..........................⎱ ââ 0 50
       Cocaïne...........................⎰

Poudre antiseptique et anesthésiante favorable aux pansements des eschares douloureuses des typhiques, ou des brûlures étendues :

    ℞ Dermatol........................... 10 gr. ;
       Chlorhydrate de cocaïne........... 2 —
       Poudre de benjoin................. 5 —
       Amidon............................ 20 —

La vaseline ou la lanoline peuvent servir de véhicules à ces diverses substances quand on veut les employer en pommades ; à la vaseline boriquée on substituera :

℞ Vaseline........ ... 40 gr.   ℞ Lanoline...... 40 gr.
  Dermatol........ 4 —   Dermatol...... 4 —

Les formules sont à peu près les mêmes pour l'aristol, l'orthoforme, le salol.

℞ Menthol.. .... · 0 gr. 75
  Salol... .... 1 — 50
  Huile d'olives....... .... 1 — 50
  Lanoline............. .... 15 —

Pommade contre gerçures des mains :

℞ Vaseline......................... 50 gram.
  Dermatol..... .... 10 —
  Oxyde de zinc...... .... 8 —
  Amidon....................... . 15 —

Pommade contre l'eczéma

℞ Dermatol ou orthoforme.......... 5 gram.
  Chlorhydrate de cocaïne.......... 0 gr. 50
  Vaseline......................... 50 —

Pommade contre brûlures :

℞ Aristol............... .... 3 gram.
  Huile d'olives. .... 20 —
  Lanoline......................... 77 —
    M. s. a.

M. Lucas-Championnière (*op. cit.*) donne plusieurs formules intéressantes de pommades où figurent les essences :

  Rétinol.... .... 75 gram.
  Cire stérilisée....... .... 25 —
  Cinnamol (essence de cannelle)... . 1 —

Autre :

℞ Rétinol.......................... 75 —
   Cire stérilisée.................... 25 —
   Cinnamol......................... 1 —
   Naphtol B........................ 1 —

Le même auteur recommande encore les essences employées comme antiseptiques faibles et non irritants.

Retinol et cire.................... 100 gram.
Essence de géranium...........
Essence de thym.............. } ââ XV gouttes.
  —   d'origan..................
  —   de verveine.. ....

Ou encore :

Vaseline.......................... 100 gram.
Essence de géranium.............
  —   origan.................. } ââ XV gouttes.
  —   thym..................
  —   verveine..............
Naphtotate de soude.............. 0 gr. 30

« Cette pommade, dit M. Lucas-Championnière, constitue un topique des plus intéressants. Il est réellement antiseptique. Il n'est pas irritant. Il favorise en quelque sorte la réparation épidermique. Les qualités spéciales de ce topique *en font une sorte de spécifique des brûlures*...

« Lors de mon passage à l'hôpital Beaujon, qui était un véritable rendez-vous des cyclistes, cette pommade avait acquis parmi eux une telle réputation qu'ils venaient en chercher à l'hôpital aussitôt qu'un accident leur arrivait et refusaient de subir les pansements par aucun autre des topiques que leur offrait le médecin qui leur portait secours.

« Il faut, en pareil cas, si lés surfaces ne sont pas trop étendues, assainir le champ blessé par un lavage avec un antiseptique puissant. Dans ce cas l'eau oxygénée à 12 vol. pourra rendre de grands services ».

Jusqu'ici nous n'avons eu en vue que l'antisepsie générale : il faut aussi dans la pratique avoir recours à des antiseptiques internes. Le praticien devra songer à l'antisepsie de la bouche, des fosses nasales ; à l'antisepsie intestinale ou rectale.

Dans bien des cas on prescrit pour la désinfection de la bouche une solution ainsi formulée :

℞ Naphtol.......................... 0 gr. 40
 Menthol.......................... 0 — 10
 Eau bouillie...................... 1 litre.
    Faire dissoudre.

Ou encore :

℞ Résorcine........................ 1 gram.
 Menthol.......................... 1 —
 Acide phénique neigeux.......... 0 gr. 50
 Alcool.......................... 100 gram.
 Essence de menthe............... 1 —
 Essence d'anis................... 1 —
 Saccharine....................... 0 gr. 10
    XXX gouttes dans un demi verre d'eau.

On peut également se servir, pour la bouche ou les fosses nasales, de l'eau boriquée saturée : ces solutions peuvent être employées sans danger, n'étant

pas toxiques. Le médecin est également amené parfois
à prescrire des poudres dentifrices :

℞ Craie préparée...................... 10 gram.
  Salol............................... 1   —
  Poudre de gaïac..................... 5   —
  Acide borique en poudre............ 10   —
  Essence de menthe.................. Q. s.
      M. s. a.

Il est à remarquer que ces poudres doivent être
blanches et aromatisées, pour ne pas tacher les dents
et laisser un bon goût dans la bouche.

℞ Pierre ponce porphyrisée........... 5 gram.
  Chlorate de potasse................ 10   —
  Borax.............................. 20   —
  Craie préparée..................... 40   —
  Essence de menthe.................. XX gouttes.
  Glycyrrhizate d'ammoniaque........ 2 gram.
      F. s. a.

Pour réaliser l'antisepsie intestinale on a communément recours au naphtol, au bétol, au salol, aux
sels de bismuth, à l'acide borique, au dermatol, à la
résorcine, à l'acide salicylique et aux ferments lacti-
ques sous forme de comprimés et de bouillons.

Cette antisepsie intestinale est faite soit par la voie
stomacale, soit par la voie rectale, en cachets ou en
lavements.

℞ Naphtol B.........................⎞
  Salol.............................⎬ āā 0 gr. 30
  Salicylate de bismuth.............⎠
      M. pour un cachet; — 3 ou 4 cachets par jour.

Récemment on a préconisé le benzonaphtol qui se prescrit de la façon suivante :

℞ Benzonaphtol...................... 0 gr. 50
Pour un cachet ; — 2 cachets par jour.

On peut associer le benzonaphtol à quelques autres médicaments :

Benzonaphtol avec
{
Salicylate de bismuth.
Sous-nitrate de bismuth.
Magnésie.
Bicarbonate de soude.
}

Variante pour cachets.

℞ Bétol............................ 0 gr. 30
Charbon.......................... 0 gr. 50
Magnésie......................... 0 gr. 30
Pepsine.......................... 0 gr. 20
Pour un cachet, un après chaque repas.

Quant à la voie rectale, elle permet d'employer les grandes irrigations soit avec de l'eau boriquée froide saturée, soit avec de l'acide salicylique, le naphtol, le sous-nitrate de bismuth.

℞ Acide salicylique................. 1 gram
Alcool........................... Q. s. pour dissoudre.
Eau bouillie..................... 1 litre.

℞ Naphtol B........................ 0 gr. 40
Eau bouillie..................... 1 litre.

L'antisepsie dans la pratique obstétricale doit être aussi rigoureuse que possible, et cependant tous les antiseptiques ne sont pas sans danger chez les parturientes ou les nouvelles accouchées. Le meilleur de ces agents, le *sublimé*, compte beaucoup de partisans, mais aussi de violents adversaires : on vante son pouvoir microbicide et, d'autre part, on lui reproche sa toxicité. Toxicité d'autant plus redoutable que chez les accouchées les muqueuses vaginales ou utérines sont de parfaites surfaces d'absorption. On a eu malheureusement des cas d'empoisonnements à relever, et il ne faut pas se départir d'une extrême prudence. L'idéal de tous les accoucheurs a toujours été de trouver quelque substance pouvant remplacer le sublimé : un produit n'ayant pas ses dangers, mais doué de tous ses avantages. Quelques-uns ont cru le trouver. C'est ainsi que Tarnier avait préconisé la microcidine (naphtolate de soude) :

℞ Microcidine........................	3 à 4 gram.
Eau distillée........................	1 litre.

Quant au sublimé, on ne l'emploie pour les injections ou les lavages intra-utérins qu'aux doses suivantes :

℞ Sublimé...........................	0 gr. 20
Acide tartrique....................	1 —
Eau bouillie.......................	1 litre.
℞ Sublimé...........................	0 gr. 25
Acide tartrique....................	1 —
Solution indigo à 1 p. 100.........	1 goutte.

Pour un paquet ; — un paquet pour un litre d'eau bouillie.

C'est le paquet que l'Académie de Médecine a décidé de mettre à la disposition des sages-femmes.

Toujours les précautions prises par l'accoucheur, doivent être extrêmement rigoureuses ; Tarnier prescrivait 6 temps pour le lavage des mains :

1° Savonnage des mains et brossage dans une solution de sublimé à 1 p. 2000 ;

2° Lavage des mains dans une autre solution de sublimé à 1 p. 2000 jusqu'à ce qu'elles soient débarrassées du savon ;

3° Toilette des ongles, curage avec un cure-ongle en os ;

4° Lavage à l'alcool ;

5° Rinçage nouveau dans le sublimé à 1 p. 2000 ;

Pour l'antisepsie des instruments on recommande le flambage à l'alcool, et l'immersion dans l'eau bouillante suivie d'un lavage à la solution phéniquée à 20 p. 1000.

On doit toujours assurer l'asepsie de la vulve par l'application de gaze salolée ou de ouate saupoudrée de dermatol. Ce dernier médicament rend les mêmes services que l'iodoforme sans en avoir l'odeur fort désagréable.

Toutes ces précautions sont faciles à prendre dans une grande ville où l'on a à peu près tout sous la main, où une ordonnance rapidement faite et envoyée chez le pharmacien le plus proche, aplanit toutes les difficultés. Il n'en va pas de même à la campagne où souvent dans des milieux modestes on doit pratiquer une antisepsie *suffisante et bon marché* avec les seules ressources dont on peut disposer sur place : quand le temps presse, il vaut mieux agir que de se croiser les bras en attendant la venue d'un paquet de sublimé ou d'ouate.

Il faut que le jeune médecin sache qu'avec de l'eau bouillante et de l'alcool, on assurera toujours une *asepsie* assez rigoureuse, à condition de ne se servir également que d'instruments passés à l'eau bouillante et en ayant soin de bien se savonner les mains à plusieurs reprises, et de se les passer plusieurs fois à l'alcool. Le savon par lui-même est un antiseptique modeste, mais digne d'attention.

Le savon est un antiseptique d'un usage banal et courant : on le trouve partout. Le plus ordinaire est, à ce point de vue, le meilleur.

Dans son ouvrage (*op. cit.*), Lucas-Championnière lui accorde une puissance antiseptique remarquable surtout quand il est employé en solution concentrée avec de l'eau à haute température. « La valeur antiseptique du savon n'a pas été prise suffisamment en considération pour certaines actions très précieuses » L'auteur recommande de les mélanger avec quelques substances telles que le *quillaya saponaria*, ou le *carbonate de soude* qui augmentent encore son action. En dissolvant et en ramollissant les enveloppes albuminoïdes qui protègent les microbes, le savon augmente l'effet des agents physiques et stérilisateurs, comme la chaleur notamment.

Le savonnage des mains est donc un procédé d'antisepsie courante qui a sa valeur et qui protège suffisamment contre bien des infections et des contaminations.

La solution alcoolique concentrée de savon est, à ce titre, très recommandable.

Résolument on aura recours à cette antisepsie de

15

fortune : dans les cas pressés, il faut toujours songer à donner des ordres pour faire bouillir de l'eau. On passera à l'alcool les récipients et les instruments. A défaut d'alcool on se servira d'eau-de-vie, d'absinthe, d'eau de Cologne. Malheureusement l'eau-de-vie, le rhum ou l'absinthe sont les hôtes trop habituels des plus modestes demeures.

Tout ceci a son importance : j'ai vu les meilleures volontés paralysées par le découragement en présence des moyens précaires qu'on trouve à sa disposition et je le répète, il faut savoir improviser et songer qu'on n'interviendra pas toujours dans une salle d'opérations idéale, ou dans une Maternité modèle. Est-il donc du devoir du médecin d'abandonner toute précaution d'antisepsie et toute propreté ? Les journaux de médecine nous donnent souvent les relations d'opérations obstétricales importantes (application de forceps, version, opération césarienne) menées à bien par les plus modestes praticiens grâce à d'heureuses improvisations d'asepsie.

*
* *

Il nous reste à parler de la désinfection des vêtements et des locaux. Les vêtements dans les grands centres sont stérilisés par le passage à l'étuve où on peut envoyer également la literie, les tentures, les tapis, les meubles peu volumineux, etc. Le médecin doit, dans les cas de maladies épidémiques, quitter manteau et veste, à son entrée chez le malade, dans une pièce qui précède la chambre et se recouvrir d'un sarrau dont il se débarrassera une fois sa visite terminée. Cette précaution est indispensable dans :

La variole ;

La scarlatine ;

La rougeole ;

L'érysipèle ;

La fièvre puerpérale ;

La peste ;

Le typhus exanthématique ;

Le choléra.

Le sarrau sera ensuite passé à la lessive quand il aura cessé de servir chez le malade.

On désinfecte les locaux de la façon suivante :

A. — *Par le sublimé* en solution à 1 p. 1000, ou le sulfate de cuivre en solution à 50 p. 1000. On lave par terre avec une éponge sans balayer.

B. — *Par la vapeur de soufre ou de formol.* — On cube la pièce et on ferme soigneusement toutes les ouvertures ; on fait brûler 50 grammes de soufre par mètre cube de la chambre. Laisser la pièce fermée trente-six ou quarante-huit heures.

Les personnes qui approchent les malades devront être vêtues de blouses et faire ensuite désinfecter leurs vêtements à l'étuve sous pression par la vapeur de formol.

Pour le lavage des mains on peut prescrire la formule suivante :

℞ Chlorure de sodium................	1 gr.
Sulfate de soude...................	2 —
Sublimé...........................	1 —
Acide tartrique...................	5 —
Eau bouillie......................	1 litre.

Ou encore :

℞ Essence de thym.....................⎱ āā 25 gram.
    — de lavande ....⎰
   Sublimé.......................... 1 gram.
   Alcool à 90°...................... 1 litre.

Enfin dans les villes où n'existent pas d'étuves, tous les objets à désinfecter devront rester dans la chambre où a été soigné le malade et où on a fait brûler du soufre d'après la méthode indiquée plus haut.

Nous ajouterons que cette désinfection des locaux et des personnes se complète par la désinfection des déjections et des crachats des typhiques, des cholériques ou des tuberculeux. La solution de sublimé à 1 p. 1000, la solution de sulfate de cuivre à 50 p. 1000, de chlorure de chaux à 50 p. 1000 sont toujours suffisantes.

CHAPITRE XII

L'art de formuler chez les enfants.

Ce qui constitue la caractéristique de l'art de formuler chez les enfants, c'est la préoccupation qui doit hanter le médecin d'approprier la dose du médicament à l'âge du petit malade. Vous ne pouvez pas évidemment donner à un bébé de deux ans la même quantité de bromure, de calomel, d'huile de ricin, d'ipéca, de laudanum qu'à une grande personne. Plus le sujet est jeune, moins les doses doivent être élevées. Le tableau de Gaubius se trouve dans tous les ouvrages classiques ; il indique très bien le dosage suivant l'âge :

Au-dessous d'un an 1/10 ou 1/20 de la dose de l'adulte.				
Au-dessus	—	1/15 — 1/12	—	—
—	2 ans 1/8		—	—
—	3 — 1/6		—	—
—	4 — 1/4		—	—

Au-dessus de 7 ans 1/3 de la dose de l'adulte.
    —   14 — 1/2   —   —
De 20 à 60 ans, la dose de l'adulte.

Dans la pratique, tout en se conformant aux chiffres indiqués dans ce tableau, il sera bon de surveiller attentivement chez les enfants les effets des médicaments prescrits, si on ne veut pas avoir de mécomptes. L'expérience en cela accomplit des merveilles. Le jeune praticien sera donc forcé d'user d'une prudence extrême dans les cas difficiles. Les susceptibilités individuelles doivent être tâtées avant de donner des doses fortes. Pour certains médicaments, comme nous le verrons plus loin, il est bon de s'abstenir systématiquement. Au contraire, pour d'autres, le calomel par exemple, les enfants supportent mieux que les adultes des doses élevées.

Les opiacés sont les médicaments dont il faut le plus se défier chez les tout jeunes enfants : une goutte de laudanum peut être cause d'empoisonnement chez un nourrisson au-dessous d'un an. Toutefois, comme l'opium est un médicament précieux en certains cas et qu'il serait grand dommage de s'en priver, il faut s'habituer à fractionner les doses.

Par exemple ·

    ℞ Laudanum de Sydenham............ I goutte
       Eau sucrée................. 10 cuillérées à café.
Une cuillère à café toutes les heures ou toutes les deux heures.

Ainsi administré le laudanum ne peut pas être dangereux : à la moindre alerte on en supprimerait l'administration.

Quelques médecins prohibent complètement le laudanum et ont recours à l'élixir parégorique, dont les effets, beaucoup moins énergiques, dépendent de ceux de l'opium qu'il contient. On peut l'employer à la dose de I à V gouttes chez un nourrisson au-dessous de 1 an.

Le sirop de morphine trouve également son emploi chez le nourrisson.

Il faut encore être très circonspect chez les enfants dans l'administration de l'atropine, des injections hypodermiques de morphine, de l'aconitine, etc. ; des effets toxiques très graves pourraient se produire. Enfin, il faut se garder d'alcooliser les enfants sous prétexte de les tonifier.

Tout au contraire, comme nous le disions plus haut les enfants supportent très bien des doses relativement élevées de calomel, et également bien les doses appropriées à leur âge de belladone et d'aconit, de bromure et de chloral, d'ipéca ou d'iodures. Ces diverses substances sont d'un usage courant dans la thérapeutique infantile et on ne saurait trop en recommander l'emploi. Le calomel surtout est un médicament précieux, chez les petits malades ; malgré les préjugés qui en font rejeter la prescription par quelques médecins trop pusillanimes et trop influencés par des parents timorés, je suis d'avis que le calomel doit être préféré presque toujours aux autres purgatifs ou vermifuges employés dans la médecine infantile. Il n'y a pas lieu de craindre sa transformation dans l'organisme en sublimé en présence de sel ordinaire, ou chlorure de sodium. La réalité de cette réaction n'a jamais été complètement prouvée.

Nous allons étudier les médications principales en usage en thérapeutique infantile et les agents qui les constituent.

Médication tonique. — Les principaux agents de cette médication sont : le quinquina, le fer, l'extrait de malt, l'huile de foie de morue, les kolas, les glycérophosphatès de chaux ou autres phosphates, l'iode, la lécithine.

Le quinquina et certaines préparations ferrugineuses sont très bien supportés par les enfants : quelques médecins associent dans ces mêmes formules le fer, le quinquina, l'iode, les phosphates :

℞ Sirop de quinquina.................... ⎫
    — de lactophosphate de chaux..... ⎬ àâ P. E.
    — iodure de fer................... ⎪
    — iodo-tannique................... ⎭

Une cuillère à dessert ou à café (suivant l'âge) au milieu de chaque repas.

Nous empruntons au *Traité pratique de thérapeutique infantile médico-chirurgicale* de P. LE GENDRE et A. BROCA (1), les deux formules suivantes :

1° Tartrate ferrico-potassique............... 10 gram.
Phosphate de soude....................... 15
Phosphate de potasse.................... 15 —
Sirop d'écorces d'oranges................ 200 —
Banyuls................................ 800 —

Un verre à liqueur ou à Madère à la fin des repas.

(1) 2ᵉ édition. G. Steinheil, Paris, 1908.

2° Teinture de mars tartarisée............. 10 —
    Extrait fluide de cascasa-sagrada.......... 5 —
    Teintures d'écorces d'oranges............ 5 —
    Gouttes amères de Beaumé............... 2 —

Donner X à XX gouttes de cette mixture dans un peu d'eau sucrée ou d'eau rougie.

L'huile de foie de morue est un médicament banal dont on abuse par trop volontiers : il ne sert qu'à rendre dyspeptiques les trop jeunes enfants ; les plus âgés trouveront plus de bénéfices dans une saine alimentation que dans une médication désagréable et repoussante.

Chez les enfants dont le système osseux est délicat, prescrivez le glycérophosphate de chaux granulé que les petits malades prennent très volontiers dans du lait ou de l'eau ; on peut encore prescrire le phosphate tricalcique de chaux (en poudre, une cuillerée à café en deux fois dans les 24 heures). Proscrivez délibérément tous les alcools et les vins toniques de vos prescriptions, sauf dans des cas bien déterminés (adynamie, collapsus).

Médication antithermique. — La meilleure chez l'enfant comme chez l'adulte, c'est la balnéation. Bains froids, bains tièdes, enveloppements humides, lotions, bains sinapisés. Toutefois, la médication pharmaceutique peut avoir des bons effets. On prescrira :

Les sels de quinine, l'antipyrine, l'antifébrine, le salicylate de soude, la phénacétine, le pyramidon.

Je recommande surtout les sels de quinine soit en suppositoires, soit en injections intramusculaires.

℞ Bichlorhydrate de quinine............ 1 gr. 50
Eau distillée....................... 6 —
F. s. a, environ une demi-seringue de Pravaz, suivant l'âge de l'enfant.

L'antipyrine se prescrit à doses assez élevées environ 0 gr. 10 par année d'âge :

℞ Antipyrine........................ 0.10 à 1 gr.
Eau............................ 80 —
Sirop simple..................... 40 —
F. s. a. par cuillerée à dessert toutes les deux heures.

Qu'il s'agisse des sels de quinine ou de l'antipyrine, la voie rectale rend de grands services, on prescrira :

℞ Bromhydrate de quinine..... 0 gr. 20 à 0 gr. 50
Beurre de cacao................ 2 —
F. s. a. pour un suppositoire.
℞ Antipyrine................. 0 gr. 30 à 0 gr. 50
Beurre de cacao.............. 2 —
F. s. a. pour un suppositoire.

Médication vomitive. — L'ipéca est le plus communément employé : on pourrait encore prescrire l'émétique ou l'apomorphine, mais ce dernier médicament avec *beaucoup de prudence*.

On formule habituellement :

℞ Poudre d'ipéca................ 0 gr. 20 à gr. 60
Sirop d'ipéca................ 30 ou 40 gr.
M. et agiter. Par cuillerée à café de cinq en cinq minutes jusqu'à effet vomitif suffisant.

Médication purgative. — Celle avec laquelle le jeune praticien doit se familiariser au plus vite :

action pour laquelle il est le plus fréquemment
sollicité, sinon consulté.

On emploie la manne en larmes, l'huile de ricin,
le calomel, la poudre de réglisse composée, le séné,
la rhubarbe, le sirop de chicorée, les eaux minérales
naturelles.

Potion :

℞ Huile de ricin.................... 5 à 15 gr.
  Sirop d'oranges.................⎱
  —   de citrons ....⎰ ââ 20 gr.
    F. s. a. A donner en plusieurs fois.

Paquets :

℞ Calomel............................... 0 gr. 10
  Sucre en poudre .... 0 — 50
  M. pour un paquet, un ou deux paquets suivant l'âge, le
matin à jeun dans du lait.

Les pharmaciens préparent également des pastilles
de sucre ou de chocolat contenant :

℞ Calomel..................:........ 0 gr. 05 ou gr. 10.
  Chocolat................... Q. s.
  M. pour une pastille, de 1 à 5 pastilles suivant l'âge.

La poudre de réglisse composée est une très bonne
préparation que les enfants acceptent volontiers soit
dans du lait, soit dans de la confiture.

Une demi-cuillerée ou une cuillerée à café suivant
l'âge, constitue un bon laxatif. Les sirops de rhubarbe ou de chicorée sont d'un usage courant.

Médication antiseptique. — Comme chez les
adultes on peut se servir, à titre d'antiseptique externe, du sublimé, de l'eau oxygénée, de l'acide phé-

nique, du permanganate de potasse, de l'acide borique, du salol, du dermatol, mais en ayant soin de régler les doses suivant la susceptibilité des petits malades très sensibles aux antiseptiques caustiques à cause de leur peau délicate.

L'antisepsie interne peut être assurée par le dermatol, le chlorate de potasse, le naphtol, les sels de bismuth, l'acide borique en lavements.

On désinfecte la bouche, les fosses nasales, le conduit auditif externe avec l'eau boriquée saturée, l'eau boriquée oxygénée à 5 et 10 0/0, les solutions naphtolées saturées, le menthol, la résorcine, etc.

℞ Acide phénique............ 5 gr.
   Eau bouillie.............. 1 litre.
   Alcool à 90°.............. Q. s. pour dissoudre.

Solution pour antisepsie de la bouche :

℞ Naphtol............................... 0 gr. 20
   Menthol............................... 0 — 10
   Eau bouillie.......................... 1 litre.

Préparation pour antisepsie des fosses nasales

℞ Résorcine ou menthol.................. 0 gr. 50
   Huile d'olives lavée à l'alcool et stérilisée. 40 gr.
   1/2 cuillerée à café dans chaque fosse nasale.

Voici, d'après Le Gendre et Broca (*op. citato*), quelques formules de collutoires :

1° ℞ Stovaïne........................ 0 gr. 10
       Chlorate de soude............... 1 —
       Glycérine ....⎫ ää 10 gr.
       Eau.............................⎭

2° ℞ Acide borique. .... 1 gr.
    Chlorate de potasse.................... 1 —
    Jus de citron......................... 15 —
    Glycérine............................. 10 —
3° ℞ Acide salicylique..................... 1 gr.
    Alcool à 50°.......................... 10 —
    Huile de ricin........................ 20 —

Lavements :

℞ Eau boriquée à 2 0/0................. 300 gr.

ou :

    Eau naphtolée saturée................. 250 gr.

Médication vermifuge. — Tous les praticiens savent combien les mamans craignent les parasites intestinaux : pour le moindre malaise, la plus légère indisposition *on donne pour les vers*. Il faut savoir manier :

Le calomel — la santonine — la fougère mâle — le kousso — l'écorce de racine de grenadier.

Une recommandation importante pour l'administration de la santonine, c'est d'y joindre constamment l'indication d'un purgatif qui borne son effet à intoxiquer le parasite seul : on évite ainsi l'absorption inutile et dangereuse de cette substance.

On prescrira :

℞ Santonine.. .... 0 gr. 01
    Calomel .... 0 — 01
    Sucre de lait...... .... 0 — 10
              Pour un paquet n° 6.

1 paquet chaque matin pendant 6 jours ; faire suivre d'un purgatif.

Médication anti-diarrhéique. — Ses principaux agents sont le calomel, l'acide lactique, l'élixir parégorique, le dermatol, les sels de bismuth, le tannigène, l'eau albumineuse, la décoction blanche de Sydenham, l'eau de chaux, le sirop de coings.

Le calomel agit à titre d'antiseptique intestinal et de purgatif.

En potion on peut prescrire les sels de bismuth.

℞ Sels de bismuth (dermatol, sous-nitrate, salicylate). .... 4 à 5 gr.
Élixir parégorique............... V à X gouttes.
Eaux de chaux .... 100 gr.
Sirop de coings................. 50 —
F. s. a. ; par cuillerée à café toutes les heures.

Ou encore :

℞ Salicylate de bismuth............... 2 gr.
Tannigène .... 1 gr.
Elixir parégorique.................. XX gouttes
Sirop de coings..................... 30 gr.
Julep gommeux............... Q. s. pour 90 cc.
Par cuillerée à café toutes les heures.

Quant à l'eau albumineuse, l'eau de chaux, la décoction blanche de Sydenham, le sirop de coings, ce sont des moyens adjuvants qu'il ne faut pas négliger et qui sont des véhicules actifs dans les potions.

On est quelquefois obligé, chez certains enfants atteints de diarrhées rebelles, d'abandonner le lait mal toléré. On le remplace par le bouillon de légumes.

J'emprunte au récent ouvrage de M. Eug. Terrien : *Précis d'alimentation des jeunes enfants* (1), les quelques lignes suivantes :

(1) 2ᵉ édition. G. Steinheil, Paris, 1908.

Voici de quelle manière, d'après Méry, on prépare le bouillon de légumes :

Pour un litre d'eau :

Carottes	65 gr.
Pommes de terre	65 —
Navets	25 —
Pois ou haricots secs	25 —

Faire bouillir lentement 4 heures dans une marmite couverte ; après la cuisson, décanter et ajouter 5 gr. de sel par litre de bouillon ; ajouter le sel seulement à ce moment pour éviter que la concentration du bouillon ne vienne augmenter la teneur en Na Cl.

Ce bouillon doit être préparé tous les jours et employé frais.

Médication expectorante. — Ipéca. — Benjoin. — Antimoniaux. — Gomme ammoniaque. — Soufre. — Racine de seringa. — Camphre. — Solution d'ammoniaque anisée. — Baume de tolu. — Créosote. — Gaïacol. — Thiocol.

A vraiment parler, chez les jeunes enfants la médication expectorante se confond avec la médication vomitive : les enfants au-dessous de 5 à 6 ans ne crachent pas ; c'est plutôt dans des efforts de vomissement qu'ils se débarrassent des mucosités obstruant la bouche ou l'estomac. Pour aider à la liquéfaction des exsudats on peut cependant prescrire les médicaments indiqués plus haut.

Je donne volontiers les paquets suivants :

℞ Poudre de Dower....................... 0 gr. 05
  Soufre sublimé....................... 0 — 20
  Gomme ammoniaque.. .... 0 — 02
  Benjoin en poudre................. 0 — 03
  Réglisse   —   ....}
  Sucre   —   ....} ââ 0 — 25

M. pour un paquet ; — 1 à 3 paquets par jour, suivant l'âge, dans de la tisane chaude.

Ou :

℞ Poudre de Dower..................... 0 gr. 05
  Benzoate de soude...................... 0 — 20
  Pour un paquet nº 10 ; 2 paquets par jour.

Potion :

℞ Oxyde blanc d'antimoine..... 0 gr. 20 à 0 gr. 50
  Sirop de tolu............... . 0 — 30
  — d'ipéca................. 0 — 20
  Teinture de belladone........ XX gouttes.
  Julep gommeux............. 120 gr.

F. s. a. Prendre une cuillerée à café toutes les heures.

Dans les affections broncho-pulmonaires (autres que la tuberculose), on emploie avec succès la créosote en lavements :

℞ Créosote pure de hêtre......... X à XL gouttes.
  Lait......................... 150 à 200 gr.

Pour un lavement. Renouveler deux ou trois fois par jour.

Bien supportée par les enfants, cette médication rend les plus grands services dans la pneumonie et la broncho-pneumonie.

Médication hypnotique. — Hydrate de chloral. — Opium (*avec prudence*). — Morphine. — Bromures. — Chloroforme. — Belladone. — Eau de fleurs d'oranger. — Eau de tilleul.

A mon avis, il vaut mieux avoir recours au chloral et aux bromures qu'aux opiacés.

Potion :

℞ Hydrate de chloral........... 0 gr. 30 à 0 gr. 80
Sirop simple................. 30 gr.
Eau de fleurs d'oranger...... 90 —
Prendre par cuillerée à café d'heure en heure.

Lavement :

℞ Hydrate de chloral.................. 0 gr. 50
Bromure de potassium.............. 2 —
Jaune d'œuf....................... N° 1.
Lait .... 150 —
F. s. a. ; à donner en une fois.

Sirop composé :

℞ Sirop de morphine..................... 5 gr.
— de belladone................. 15 —
— thébaïque.................... 10 —
— fleurs d'oranger....... 30 —
En quatre ou cinq fois dans le courant des 24 heures.

Médication antispasmodique. — Bromures. — Eau de laurier-cerise. — Belladone. — Aconit. — Musc. — Bromoforme.

Les indications sont nombreuses en médecine infantile, où on doit employer les médications antis-

16

pasmodiques; on recommande surtout l'usage des préparations bromurées.

℞ Bromure de potassium...................... 4 gr.
Teinture de belladone.................... XV gouttes
Musc................................... 0 gr. 10
Hydrate de chloral..................... 0 — 30
Sirop d'orgeat............. Q. s. pour 150 cmc.

F. s. a.; par cuillerée à café d'heure en heure chez les enfants atteints de convulsions.

Ou encore :

℞ Bromure de calcium..................... 2 gr.
Sirop de fleurs d'oranger................ 50 —
Sirop de tolu................. Q. s. pour 90 cc.
Par cuillerée à café toutes les heures.

Lavement :

℞ Bromure de potassium................. 2 gr.
Hydrate de chloral. .... 0 — 40.
Jaune d'œuf......................... Nᵒ 2
Musc.................................. 0 gr. 25
Eau................................... 250 —

F. s. a.; pour donner en une fois après un lavement évacuateur.

De même on prescrira dans les toux spasmodiques de la bronchite, de la grippe, de la coqueluche une potion du type de la suivante :

℞ Eau bromoformée saturée .... 100 gr.
Alcoolature racines d'aconit........}
Teinture de belladone.............} āā XX gouttes.
Eau de laurier-cerise................... 5 gr.
Julep gommeux......................... 125 —

M. s. a.; par cuiller à café d'heure en heure dans de la tisane chaude.

Marfan préconise la préparation suivante :

℞ Bromoforme rectifié..... 3 gr. 50 ou 128 gouttes.
   Huile d'amandes douces................. 30 gr.
   Gomme arabique......................... 30 —
   Eau de laurier-cerise................... 10 —
   Sirop de fleurs d'oranger............... 150 —
   Hydrolat de tilleul............. Q. s. pour 300 cc.

1 cuillerée à café contient environ 2 gouttes de bromoforme. 4 gouttes par année d'âge chez les enfants. (Les adultes tolèrent 6 à 8 cuillerées à soupe par 24 heures). La dose peut être progressivement augmentée. L'intolérance est signalée par de la somnolence et de la cyanose.

*
* *

Nous avons vu jusqu'ici que les principales préparations destinées aux enfants doivent leur être données sous la forme de potions, solutions, paquets, lavements, suppositoires : les très jeunes enfants ne prennent ni les pilules ni les cachets. Les poudres sont plus facilement absorbées, mélangées à de la tisane ou à des confitures. Ce n'est que de 6 à 8 ans que certains enfants peuvent apprendre à avaler des pilules ou des cachets très petits.

Encore plus pour l'enfant que pour l'adulte, le goût, la saveur, l'odeur de la potion ne doivent pas être très désagréables, sous peine de s'exposer à ne plus rien faire prendre par le petit malade rebuté. Aussi le praticien devra-t-il s'efforcer d'user des véhicules agréables ; tels sont :

Les sirops de violette, de menthe, d'orgeat, de grenadine, de groseilles, de limons, de citrons, de fleurs d'oranger, d'oranges ; puis, les sirops médicamenteux les loochs, sirops de belladone, d'aconit, de tolu, de codéine, de morphine, thébaïque, etc., etc. :

Les hydrolats de fleurs d'oranger, de polygala, de mauve, de menthe ; les infusions d'anis, etc., etc.

De même vous pouvez user de certaines poudres composées, dans lesquelles vous masquez le mauvais goût ou l'odeur désagréable des principes actifs par l'adjonction des poudres de réglisse, de sucre, de benjoin, de menthol, d'anis, de café.

♃ Soufre	0 gr.	30
Poudre de Dower	0 —	10
Benjoin en poudre	0 —	05
Réglisse — }	ãã 0 —	20
Sucre }		
Menthol	0 —	005

M. pour un paquet ; à donner dans de la tisane édulcorée avec un sirop médicamenteux : sirops de tolu, de belladone, d'aconit, de codéine, etc., etc.

Les suppositoires rendent, en médecine infantile, les plus grands services et nous ne saurions trop en conseiller l'emploi ; nous avons déjà eu l'occasion de répéter plusieurs fois que les muqueuses rectales absorbent très bien certains médicaments, tels : l'antipyrine, les bromures, les iodures, les sels de quinine, les extraits.

Antipyrine	0 gr. 20 à	0 gr. 60
Bromure	0 — 50 à	1 —
Iodure	0 — 10 à	0 — 20
Sel de quinine	0 — 20 à	0 — 30
Euquinine	»	»
Extrait de belladone.	0 gr. 005 à	0 gr. 01
Arséniate de soude..	1/4 milligr.	
Extr. de jusquiame.	1/2 milligr.	
Créosote	0 gr. 20 à	3 gr. 30

Beurre de cacao, 2gr. (véhicule) avec :

Les injections hypodermiques ne sont pas non plus à négliger chez les enfants ; c'est ainsi qu'on emploie avec avantage :

L'*éther sulfurique* à la dose d'un quart ou d'une demi-seringue de Pravaz ;

L'*huile d'olives camphrée* suivant la formule ci-dessous :

℞ Huile d'olives lavée à l'alcool et stérilisée. 20 gr.
  Camphre .... 7 —
      M. s. a. ; une demi-seringue environ.

La *teinture de musc*, à la dose d'un quart de seringue ;

La *caféine* :

℞ Benzoate de soude .... 0 gr. 25
  Caféine............................. 0 — 15
  Eau distillée......... .... 10 —
      Une seringue ou une demi-seringue.

Les *sels de quinine* dont la formule la plus pratique est :

℞ Bichlorhydrate de quinine.............. 6 gr.
  Eau bouillie.......................... .. 12 —
M. s. a. ; une demi ou un quart de seringue par injection.

L'*apomorphine* a été également préconisée par les Allemands comme émétique :

℞ Chlorhydrate d'apomorphine. 0 gr. 01 à 0 gr. 02
  Eau distillée........... .... 10 —
      Un quart ou une demi-seringue.

Mais je conseille de ne l'employer qu'avec la plus extrême prudence.

*
* *

Une médication peu employée couramment en médecine infantile, l'inhalation, mérite cependant la faveur du praticien. En bon nombre de cas il y a intérêt à prescrire des préparations balsamiques mélangées à l'eau bouillante pour obtenir l'évaporation dans la chambre du malade. Les plus jeunes enfants absorbent ainsi des médicaments qu'il serait impossible de leur faire accepter par toute autre voie. Dans la coqueluche, les bronchites, les broncho-pneumonies on peut obtenir de bons résultats de cette méthode. On prescrit habituellement :

℞ Créosote pure de hêtre.... .... 20 gr.
　Térébenthine (essence de)............... 30 —
　Benjoin (teinture de).. .... 20 —
　Eucalyptol (essence d')................. 10 —
　Menthol........................... .... 1 —
　Goménol .... 20 —
　Alcool à 90°........................... 200 —

M. s. a.; une cuillerée à soupe ou deux dans une petite casserole d'eau bouillante maintenue sur une lampe à alcool. Ajouter de nouveau deux cuillerées à soupe du mélange précédent toutes les deux heures.

De cette façon, nuit et jour, l'enfant respire une atmosphère chargée avantageusement de principes médicamenteux. Les enfants plus âgés (vers 7 ou 8 ans) peuvent faire l'inhalation directement sur la casserole recouverte d'un entonnoir en verre et dont le tube sert d'aspirateur. Il existe des inhalateurs (Nicolay ; Moreau-Clermont) qui remplacent avantageusement la casserole recouverte de l'entonnoir.

Avec l'inhalateur Moreau-Clermont on verse dans l'entonnoir au cours de l'inhalation 3 à 6 cuillerées à café de la préparation ci-dessus formulée. On peut également faire faire des flacons (fermés avec un bouchon en caoutchouc, par où passent deux tubes) et dans lesquels se trouve le mélange balsamique, maintenu au bain-marie à la température voulue.

*
* *

Quant à l'hydrothérapie en médecine infantile, elle a fait aujourd'hui ses preuves et j'espère qu'aucun débutant n'hésiterait à recourir à cette miraculeuse médication quand les indications en seront formelles. Il est cependant utile de dire aux jeunes praticiens que la balnéation n'est pas la seule pratique hydro-thérapique dont on puisse se servir. Nous avons, en effet, à notre disposition :

Les bains chauds, tièdes ou froids ;
Les lotions ;
Les enveloppements humides ;
Les douches.

Je passerai en revue les indications et les applica-tions du bain tiède, du bain sinapisé, et les divers emplois de l'eau froide.

Je n'insisterai pas sur l'emploi, chez les enfants, du bain tiède simple, mesure d'hygiène indispensable dans la première enfance. Il est calmant, antipyrétique et décongestionne les viscères. C'est la base du trai-tement de toutes les affections viscérales, accompagnées de douleurs, de dyspnée ou de fièvre. C'est la première chose à donner avant tout médicament. Il doit être d'une durée de dix minutes et à une température de 33°, au début ; on peut le laisser refroidir sans ajouter de l'eau nouvelle. On en donne un ou deux par jour. En sortant, friction, puis mettre l'enfant un quart d'heure ou une demi-heure dans une couverture de laine.

Quant à la température du bain, les auteurs varient d'opinion et indiquent des chiffres légèrement différents. Il n'est pas mauvais de donner des bains de 30 ou 35° mais il n'est pas dangereux non plus de plonger un enfant dans une baignoire où l'eau n'est qu'à 28 ou 30°.

Pendant les premiers jours, la température du bain ne doit pas dépasser 29 ou 30°.

L'insomnie, l'agitation comme les dermatoses sont justiciables du bain tiède. On préviendra notamment souvent les convulsions, si l'on suit les pratiques de la balnéation, surtout au moment critique de la dentition.

* * *

Le bain sinapisé tient une place plus élevée dans l'ordre des interventions hydrothérapiques. Il emprunte à l'adjonction de la moutarde une action révulsive de premier ordre, tout en restant encore stimulant ou apyrétique. Il décongestionne rapidement les viscères. Répété, il agit mieux, plus sûrement et d'une façon plus étendue que la teinture d'iode ou le vésicatoire.

Exempt de tous les dangers de ces médications, il constitue un agent d'un maniement très facile.

Pour le préparer mettre un paquet de farine de moutarde de 250 à 500 gr. dans un peu d'eau froide, le délayer convenablement et verser le tout dans un bain chaud. La température sera de 38 à 40 degrés. Recommandez qu'on tienne de l'eau bouillante prête à être ajoutée dans la baignoire pour ne point laisser abaisser le degré du liquide.

Prévenez aussi l'entourage qu'il n'ait pas à s'inquiéter des cris de l'enfant : faites-lui comprendre que le bébé criera parce qu'il sentira dans les yeux les picotements de l'essence de moutarde. Recommandez qu'on frictionne énergiquement le petit patient dans l'eau et au bout de 3 à 5 minutes, quand la rougeur de la peau est suffisante qu'on retire l'enfant du bain pour le sécher vigoureusement dans des linges chauds. Un enveloppement dans une couverture de laine suivra et on lui fera prendre une tisane chaude. La réaction de la sorte sera parfaitement assurée.

Les indications de bain sinapisé sont nombreuses : affections pulmonaires — entérites — collapsus, etc.

* * *

L'eau froide peut nous servir de bien des façons différentes et dans le choix des procédés, il faut s'inspirer de sa propre ingéniosité.

Trois moyens m'ont paru toujours réunir des avantages sérieux de commodité et de simplicité.

Je veux parler du drap mouillé, du bain presque

froid et des applications de serviettes trempées dans l'eau froide (qui peuvent être remplacées par des lotions froides faites avec une éponge imbibée d'eau mélangée de vinaigre). Ces trois procédés appar-tiennent à ce que Beni-Barde et Fleury désignent sous le nom de procédés sans percussion. En les employant, on désire obtenir une réaction peu sensible, partant, un abaissement de température.

Le drap mouillé doit être appliqué avec méthode et de la façon suivante : on prépare un seau d'eau froide dans lequel on plonge un grand drap : après quelques minutes d'immersion, on a le soin de tordre énergiquement le linge. Cela fait, le drap est jeté tout déplié sur le malade complètement nu.

On frictionne quelques secondes et on retire le drap mouillé rapidement remplacé par un drap sec. On essuie suffisamment pour enlever au malade l'impression d'humidité. Suivant qu'on veut obtenir une réaction plus ou moins énergique ou rapide, on frictionne le malade un plus ou moins grand laps de temps. Le malade est alors couché dans le lit où on lui donne une infusion théiforme chaude. Ce procédé, en permettant de graduer assez facilement la réaction, trouve son indication dans tous les cas où on n'ose pas employer le bain froid. Je crois pouvoir dire que son effet réfrigérant est tout aussi puissant, surtout quand il est renouvelé plusieurs fois dans la journée. Comme application partielle du drap mouillé, on peut user des lotions, des compresses, des ceintures humides.

Le maillot humide, suivi de l'enveloppement dans la couverture de laine, dérive encore du drap mouillé.

Les lotions peuvent être pratiquées de diverses
manières suivant les affections contre lesquelles on
désire les employer, et dans tous les cas où l'entourage ne voudrait pas accepter la médication, considérée
comme trop barbare du drap mouillé, à l'aide d'éponges
trempées dans l'eau vinaigrée ou alcoolisée, vous ferez
frictionner vigoureusement les membres inférieurs,
le ventre, puis la totalité du corps. Les lotions seront
suivies de frictions sèches pratiquées avec des serviettes éponges ou des serviettes de toile neuve et
dure. L'éponge serait avantageusement remplacée par
la serviette mouillée et tordue comme le drap. Elle
représente un diminutif du drap mouillé. Lubanski à
Divonne, Lemanski père à Lyon, obtenaient d'excellents effets des serviettes chaudes et froides employées
alternativement, rappelant le principe de la douche
dite écossaise.

Quant au bain presque froid il sera difficilement
accepté. Il faudra toujours déguiser votre pensée et
proposer le bain tiède que vous laisserez progressivement refroidir. Le public, sur le point délicat de la
température, vous laissera agir à votre guise, car vous
seul pouvez savoir où commence le bain froid et où
finit le bain tiède.

Les expressions diverses : eau froide, très froide,
chaude, très chaude, sont souvent employées dans le
langage hydrothérapique ; il est donc nécessaire de
savoir à quelle température de l'eau correspondent
ces expressions. Voici comment Beni-Barde les désigne :

Eau de 8 à 12 degrés........			très froide.
— de 12 à 16	—	....	froide.
— de 16 à 20	—	....	fraîche,
— de 20 à 26	—	....	dégourdie.
— de 26 à 30	—	....	tempérée ou tiède.
— de 30 à 40	—	....	chaude.
Au dessus de 40	—	....	très chaude.

(Berlioz, Traité de thérapeutique).

C'est à 30 degrés que le bain est tiède. Mais facilement, au bout de quelques minutes, de la température initiale de 30°, il tombe, si on ne prend pas soin de le réchauffer, à 25 ou 30°, température du bain frais ou froid.

Quand vous aurez décidé de donner un bain froid ne vous arrêtez pas aux objections de l'entourage, défaut de baignoire, refroidissement possible, congestion pulmonaire, etc.

Comme antithermique le bain rend, tous les jours, les plus grands services dans les pyrexies, les maladies infectieuses, les affections pulmonaires, etc.; il est administré tiède ou froid. Quelques médecins font plonger l'enfant dans le bain à 4 ou 5 degrés au-dessous de la température du malade et progressivement ramènent à 25 ou 20 degrés la température initiale du bain. D'autres plongent de suite le malade dans un bain à 25 degrés.

Dans l'un et l'autre cas, quand le frisson apparaît, au bout de cinq à dix minutes, on retire le malade, on l'essuie, on lui administre une infusion chaude légèrement alcoolisée et on lui fait faire la réaction dans le lit. Ces bains peuvent être renouvelés toutes les quatre ou cinq heures.

Si l'on considère que la principale indication de l'hydrothérapie est de produire une révulsion, de soustraire du calorique et de calmer le système nerveux en tonifiant l'organisme, on pourra établir une classification facile de l'intervention hydrothérapique.

Dans les diverses pyrexies, pneumonies, bronchites, scarlatines, rhumatismes articulaires aigus, fièvres typhoïdes, et dans tous les cas où l'hypothermie seule offre un grand danger, on recherche la soustraction du calorique.

Dans le traitement des congestions ou inflammations chroniques des viscères tels que les poumons, le cerveau, le foie, la rate, les intestins, la révulsion cutanée détermine l'afflux du sang à la périphérie et décongestionne très énergiquement les organes centraux. Quant à l'action sur le système nerveux, l'hydrothérapie a fait glorieusement ses preuves. Tous les hydropates comme Fleury, Beni-Barde, Pascal, Lubanski ont démontré la puissance de cette méthode dans l'hystérie et la chorée.

Comme tonique général, on doit toujours songer aux pratiques hydrothérapiques dans l'anémie, la chlorose et la scrofule.

Les douches sont le plus puissant tonique que nous ayons à notre disposition. Les enfants les supportent très bien dès 4 à 5 ans. La douche matinale et quotidienne remplace les quinquinas ou autres drogues distribués aux jeunes bébés avec trop de libéralité par des parents imprudents ou ignorants. La douche doit être froide et courte, en pluie plutôt qu'en jet : sa durée ne doit pas excéder vingt ou vingt-cinq secondes. A défaut de douche on se servira avec avantages du *tub*. On inondera rapidement d'eau (à l'aide d'un seau), tout le corps de l'enfant : friction énergique, ensuite, au gant de crin et friction alcoolisée (alcoolat de romarin, de lavande, etc.). Le tub peut être tiède en hiver.

Pour terminer ce chapitre nous donnons quelques-unes des formules les plus importantes usitées en médecine infantile.

TONIQUES

Quinquina. — Fer. — Huile de foie de morue. — Kolas — Glycérophosphate de chaux. — Phosphates. — Iode. — Arsenic.

Mélange :

℞ Teinture de quinquina.................. 5 gr.
     — de colombo..................... 2 —
     — de Mars tartarisée............... 3 —
M. ; cinq à dix gouttes avant chaque repas dans un peu d'eau sucrée.

Mélange :

℞ Huile de foie de morue................} P. E.
     Sirop de lactophosphate de chaux.......}
     M. ; une cuillerée à dessert avant chaque repas.

Mixture :

℞ Liqueur de Fowler................ XX gouttes.
     Sirop d'iodure de fer.............. 200 gr.
M. ; une cuillerée à café au milieu de chaque repas.

Potion :

℞ Décoction d'extrait de quinquina,...　100 gr.
　Acide chlorhydrique..............　X gouttes.
　Sirop d'écorce d'oranges...........　20 gr.
F. s. a. ; par cuillerée à dessert, deux ou trois fois par jour.

Sirop composé :

℞ Sirop de quinquina...............⎫
　— de raifort iodé..............⎬ ââ P. E.
　— de lactophosphate de chaux..⎭
M. s. a. ; une cuillerée à dessert au milieu de chaque repas.

Poudre composée :

℞ Poudre de kola...................⎫
　— 　de quinquina.............⎬ ââ P. E.
M. A. faire prendre par pincée dans de la confiture.

Granulés :

℞ Glycérophosphate de chaux granulé.
　Kola granulée.
Une demi-cuillerée à café dans du lait ou de l'eau avant les repas.

N. B. — On remarquera que le quinquina sous forme de sirop figure dans la majeure partie de ces formules.

Le vin de quinquina doit être complètement proscrit.

Potion contre l'adynamie :

℞ Extrait mou de quinquina................　1 gr.
　Cognac...............................　20 —
　Sirop d'écorces d'oranges amères........　20 —
　Glycérine neutre......................　20 —
　Eau distillée........ ....　Q. s. pour 110.
Par cuiller à soupe de 2 en 2 heures à partir de 3 ou 4 ans.

Autre :

℞ Acétate d'ammoniaque................... 2 gr.
   Rhum.................................... 10 —
   Sirop de quinquina...................... 30 —
   Eau de cannelle................ .... 70 —

F. s. a. ; suivant l'âge augmenter les doses de rhum ou d'acétate d'ammoniaque.

Mixture apéritive et tonique :

℞ Teinture de gentiane................... ⎱
   —   de cannelle................... ⎰ āā 4 gr.
   —   de quinquina.................. 20 —
   —   de noix vomique.............. 1 —
   —   de benjoin....... .... 2 —

M. ; 20 gouttes avant chaque repas dans un peu d'eau sucrée ou de tisane.

Poudre composée :

℞ Poudre de quinquina .... 10 gr.
   Sous-carbonate de fer.... .... 4 —
   Craie préparée................... ... 10 —
   Rhubarbe............................... 5 —

M. ; une pincée après chaque repas dans un peu de confiture ou de miel.

MEDICATION ANTITHERMIQUE

Sels de quinine. — Antipyrine. — Antifébrine. — Phénacétine. — Euquinine.

Solution pour injections hypodermiques :

℞ Chlorhydrate de quinine basique........ 3 gr.
   Antipyrine............................ 2 —
   Eau distillée.......................... 10 —
      M. s. a. ; demi-seringue de Pravaz.

Suppositoires :

℞ Bromhydrate de quinine............ ...   0 gr. 30
  Phénacétine........................ ....⎱
  Antipyrine..................... .. ..⎰   ââ 0 — 05
  Beurre de cacao. ....   2 gr.
           Pour un suppositoire.

Pastilles :

℞ Euquinine...........................⎱
  Antipyrine ....⎰   ââ 0 gr. 05
  Chocolat vanillé....................   Q. s.
       Pour une pastille ; trois ou quatre par jour.

Lavement :

℞ Antipyrine......................... .   1 gr.
  Bromhydrate de quinine..............   0 — 40
  Eau de tilleul tiède..................   150 —
A donner en une fois, après lavement évacuateur.

Potion :

℞ Antipyrine...................... ...   0 gr. 50 à 1 gr.
  Sirop simple....................   40 gr.
  Eau de tilleul......... ....   Q. s. pour 90 cc.
 Une cuillerée à café toutes les deux heures au-dessous d'un
an ; au-dessus, toutes les heures.

Paquets :

℞ Euquinine.........................⎱
  Antipyrine........................⎰   ââ 0 gr. 10
  Antifébrine ....   0 — 02
  M. pour un paquet, deux ou trois paquets par jour dans de
la confiture ou du lait sucré.

**N. B. — Nous avons dit plus haut que la médication
antithermique, par excellence, était la balnéation.**

Nous ne reviendrons pas sur ce point. De même, nous avons donné les détails nécessaires sur les injections de quinine qui sont très bien supportées par les enfants, et qui dans certains cas réussissent très bien à titre d'antithermiques.

MÉDICATION VOMITIVE

Ipéca. — Emétique. — Apomorphine. — Sulfate de cuivre.

Potion éméto-cathartique :

℞ Emétique.......................... 0 gr. 01
Sulfate de soude.................... 10 —
Sirop de groseilles................. 30 —
Eau................................. 120 —

Pour un enfant de deux ans (on donne 1/2 centigr. d'émétique par année d'âge).

Poudre éméto-cathartique :

℞ Scammonée........................
Crème de tartre.................... } àà 0 gr. 15
Oxyde blanc d'antimoine............

M. ; à donner dans une cuillerée de lait ou d'eau sucrée.

Solution :

℞ Infusion de racine d'ipéca............ 1 gr. 50
Oxymel scillitique.................. 10 —

F. s. a. ; par cuillerée à café toutes les 5 minutes jusqu'à vomissement.

Potion :

℞ Sulfate de cuivre.............. 0 gr. 05 à 0,20
　　Eau distillée.................. 40 gr.
　　Sirop simple .... 20 —

F. s. a. ; par cuillerée à café toutes les 5 minutes jusqu'à vomissement.

Potion vomitive :

℞ Poudre d'ipéca................ 0.20 à 0 gr. 60
　　Sirop　　—　...... .... 40 gr.

M. s. a. ; par cuillerée à café jusqu'à effet vomitif suffisant.

Autre :

℞ Émétique....... ... . 0 gr. 01
　　Poudre d'ipéca.................... 0 — 20

Pour un paquet, à faire prendre dans de l'eau tiède.

Solution hypodermique :

℞ Chlorhydrate d'apomorphine......... 0 gr. 01
　　Eau distillée .... 10 —
　　　　Une ou deux seringues.

Cette préparation est dangereuse, et on ne conseille son emploi qu'avec beaucoup de prudence.

Mélange :

℞ Vin stibié...........................⎰ ââ 15 gr.
　　Oxymel scillitique..................⎱

F. s. a. ; par cuillerée à café toutes les 10 minutes jusqu'à vomissement.

MÉDICATION PURGATIVE

Huile de ricin. — Calomel. — Poudre de réglisse composée. — Séné. — Rhubarbe. — Sirop de chicorée. — Eaux minérales naturelles.

Limonade purgative :

℞ Acide citrique..................... .... 10 g.
   Carbonate de magnésie................. . 6 —
   Sirop de groseilles.................... 50 —
   Eau .... 100 —
    A donner en 3 ou 4 fois.

Paquets :

℞ Poudre de réglisse composée........... 3 gr.
   Cascara................................ }
   Rhubarbe........ .... } āā 0 — 20
Pour un paquet ; le donner dans de la tisane à jeun.

Autre :

℞ Calomel............................ 0 gr. 15
   Cascara.......................... ..}
   Rhubarbe......... ....} āā 0 — 10
   Poudre de belladone................ 0 — 01
Pour un paquet ; un ou deux paquets le matin à jeun dans
du lait.

Pastilles :

℞ Calomel............................ 0 gr. 10
   Rhubarbe......................... }
   Séné............................. } āā 0 — 05
   Chocolat vanillé................... Q. s.
Pour une pastille ; deux ou trois pastilles, suivant l'âge.

Mélange :

℞ Huile de ricin..... .... 10 à 15 gr.
   Sirop d'oranges.................. }
   — de citron .... } āā 25 gr.
   M. ; à donner dans du lait chaud ou de la tisane.

Poudre composée :

℞ Poudre de racine de rhubarbe......⎫
  Magnésie calcinée.................⎬ ââ 5 gr.
  Oléo-saccharure de fenouil........⎭

La pointe d'un couteau le matin pendant plusieurs jours dans du lait, chez les enfants constipés.

Potion :

℞ Citrate de magnésie.......... .... 20 gr.
  Sirop de cerises........................ 30 —
  Eau distillée .... 100 —

En deux fois, à 1/4 d'heure d'intervalle le matin.

N. B. — Chez les enfants de 8 à 10 ans on peut déjà administrer les eaux purgatives ; eau de Janos, de Carlsbad, de Villacabras, etc. On donne la magnésie calcinée ou la manne aux tout petits enfants.

Suppositoire :

℞ Glycérine............................... 1 gr.
  Beurre de cacao....................... 2 —

Pour un suppositoire.

MÉDICATION ANTISEPTIQUE

Sublimé. — Acide phénique. — Permanganate de potasse. — Acide borique. — Salol. — Dermatol. — Chlorate de potasse. — Naphtol. — Sels de bismuth. — Menthol. — Liqueur de Labarraque. — Borate de soude. — Phénosalyl. — Eau oxygénée. — Ammoniaque.

Collutoire :

℞ Acide phénique...................... 1 gr.
 Camphre........................... 5 —
 Menthol........................... 0 — 50
 Glycérine .... 30 —

F. s. a. ; pour toucher les amygdales avec un tampon d'ouate hydrophile stérilisée.

Mélange pour pulvérisations dans la coqueluche :

℞ Acide phénique..................... 2 gr.
 Eau distillée....................... 200 —

Solution pour usage interne :

℞ Chlorate de potasse................. 2 gr.
 Eau de menthe..................... 100 —
 Sirop de citron..................... 20 —
 Une cuillerée à café toutes les heures.

Mélange pour désinfection du conduit auditif externe :

℞ Acide phénique..................... 1 gr.
 Glycérine .... 150 —

F. s. a. — On emploie encore le phénosalyl à 2 0/0. — La liqueur de Labarraque 2 à 5 0/0. — L'eau oxygénée à 5 0/0.

ou :

℞ Glycérine........ .... 200 gr.
 Menthol........................... 1 —
 Alcool pour dissoudre.............. 30 —
F. s. a.

Poudre composée :

℞ Dermatol.......................... 10 gr.
 Naphtol .... 3 —
 Chlorate de potasse................. 7 —
M. s. a. pour usage externe.

Solution :

℞ Permanganate de potasse............. 0 gr. 10
   Eau bouillie........................ 100 —
   F. s. a. ; pour laver la bouche dans le muguet.

Paquets :

℞ Salol ....⎫ ââ 0 gr. 10
   Bicarbonate de soude................⎭
Pour un paquet ; 2 ou 3 paquets par jour dans un peu d'eau
d'Evian-Cachat.

Solution pour laver la tête :

℞ Sublimé............................. 0 gr. 50
   Teinture de benjoin.................. 15 —
       — de quinquina................. 20 —
   Eau bouillie........................ 1 litre.

Cette préparation reste louche à cause de la préci-
pitation du benjoin. Cela n'aurait pas d'importance
si le client n'était tenté d'attribuer ce défaut à une
mauvaise manipulation du pharmacien. Le médecin
agira habilement en évitant ces soupçons et il prescrira mieux dans le cas présent :

℞ Hydrate de chloral................... 5 gr.
   Sublimé .... 0 — 25
   Teinture de Jaborandi......... .... 10 —
       — de Panama.................. 30 —
   Alcool à 60°............. .... Q. s. pour 500 cc.

(Lotions stimulantes contre la pelade (LE GENDRE et BROCA).

1° ℞ Ammoniaque............... .... 6 gr.
     Baume de Fioraventi...........⎫ ââ 100 —
     Alcool camphré...............⎭

2° ℞ Chloroforme.................... 15 gr.
     Teinture de cantharide........⎫
        — d'iode ....⎪
     Alcoolat de Fioraventi..........⎬ ââ 5 gr.
     Acide acétique................⎭

MEDICATION VERMIFUGE

Calomel. — Santonine. — Fougère mâle. — Kousso. — Ecorce de racines de grenadier.

Paquet :

℞ Santonine.............................. 0 gr. 10
   Calomel......................... 0 — 15
   Sucre de lait pulvérisé.............. 1 —
      M. ; à prendre le matin à jeun.

Lavement :

℞ Santonine..................... 0,10 à 0 gr. 15
   Alcoolat de menthe.............. 5 —

Faire dissoudre et ajouter :

   Eau tiède...................... 200 —
      M. s. a. après lavement évacuateur.

Potion :

℞ Huile éthérée de fougère mâle....... 4 gr.
   Calomel............................ 0 — 40
   Eau................................ 15 —
   Sucre en poudre.................... 15 —
   Julep gommeux.......... ..... Q. s. pour 150 cc.

A prendre en deux fois à 1/4 d'heure d'intervalle ; 1 heure après faire prendre un purgatif.

℞ Huile éthérée de fougère mâle........} ãã 3 gr.
   Teinture de vanille ... .}
   Sirop de térébenthine...............} ãã 30 —
   Eau distillée......................}
   Gomme arabique pulvérisée........... 2 gr.

Potion :

℞ Ecorce de racines de grenadier.......... 15 gr.
  Infusée dans eau....... .... 80 gr.
Ajouter :
  Sirop de citron............. Q. s. pour 110 cc.
      F. s. a. ; prendre en 2 ou 3 fois.

Autre :

℞ Semences de courge mondée............ 20 gr.
  Looch blanc....... .... 125 —
M. s. a. A prendre en une fois le matin à jeun.

Autre :

℞ Mousse de Corse...................... 5 gr.
  Sirop d'éther.......................... 15 —
  Eau de menthe...... .... 80 —
      F. s. a. ; donner en 3 ou 4 fois.

Autre :

℞ Semences de courge mondée............ 25 gr.
  Sucre .... 30 —
  Lait.................................. 60 —

M. s. a. A prendre en une fois le matin à jeun.

MÉDICATION ANTIDIARRHÉIQUE

Calomel. — Acide lactique. — Sels de bismuth. —
Dermatol. — Elixir parégorique. — Eau albumineuse.
— Décoction blanche de Sydenham. — Eau de chaux.
— Sirop de coings. — Lait. — Tannigène. — Tannal-
bine.

Paquets :

℞ Calomel ....
Tannalbine .... } ãã 0 gr. 05

Pour un paquet ; 3 paquets par jour dans du sirop de coings.

Potion :

℞ Racine de colombo..................... 1 gr.
    Eau........... .... 75 —

Faire infuser et ajouter :

    Sous-nitrate de bismuth............... 3 —
    Sirop de coings....................... 30 —

      Une cuillerée à café toutes les heures.

Autre :

℞ Racine de colombo..................... 2 gr.
    Dermatol.............................. 1 — 50
    Eau bouillie.......... .... 100 —
    Sirop de camomille.................... 30 —

    F. s. a. ; 1 cuillerée à café toutes les heures.

Potion :

℞ Acide lactique.......................... 2 gr.
    Sirop simple.......................... 80 —

    F. s. a. ; par cuillerée à café d'heure en heure.

Potion :

℞ Sous-nitrate de bismuth............... 4 gr.
    Laudanum de Sydenham............... I goutte.
    Eau gommée........................... 100 gr.
    Eau de chaux......................... 10 —
    Sirop simple.......................... 20 —

    A donner par cuillerée à café toutes les heures.

Autre :

℞ Elixir parégorique......................   2 gr..
   Eau albumineuse....................... 100 —
   Hydrolat de fenouil ....   40 —
   Sirop de cachou.......................   30 —
     M. s. a. A prendre dans les 24 heures.

N. B. — Rappelons que le régime lacté (lait coupé d'eau de Vichy, ou d'eau albumineuse, d'eau de chaux, décoction blanche de Sydenham) constitue en général le meilleur régime en même temps que la meilleure médication de la diarrhée et de la dyspepsie gastro-intestinale des jeunes enfants.

MÉDICATION EXPECTORANTE

Ipéca. — Benjoin. — Benzoate de soude. — Antimoniaux. — Gomme ammoniaque. — Sulfureux. — Racine de polygala senega. — Camphre. — Ammoniaque anisée. — Baume de tolu. — Créosote. — Benzoate de soude.

Potion :

℞ Kermès............................   0 gr. 10
   Sirop de tolu......................   50 —
   Julep gommeux... .... 100 —
   F, s. a. ; par cuillerée à café toutes les heures.

Autre :

℞ Benzoate de soude..................   4 gr.
   Benjoin en poudre..................   0 — 25
   Looch blanc........................ 100 —
   Sirop de menthe....................   30 —
    F. s. a. ; par cuillerée toutes les heures.

Lavement :

℞ Créosote.......................... XX gouttes.
Lait............................ Une tasse à café.
Renouveler deux ou trois fois dans la journée.

Sirop composé :

℞ Eau de laurier-cerise................. 5 gr.
Sirop de bourgeons de sapin.........}
   — de tolu......................} àà 30 —
   — de codéine................ .... 10 gr.
A prendre par cuillerée à café, dans les 24 heures.

Mélange :

℞ Ammoniaque anisée .... XXV gouttes.
Sirop de coquelicots.............. 30 gr.
Infusion de polygala senega....... 100 —
      En 24 heures.

Autre :

℞ Poudre de Dower........ .... 0 gr. 20
Sirop de tolu..................... 30 —
Julep gommeux................... 100 —
F. s. a. Une cuillerée à café toutes les heures; augmenter la
quantité de poudre de Dower suivant l'âge.

Suppositoire :

℞ Créosote........................... 0 gr. 20
Belladone (extrait)....... .... 0 — 05
Beurre de cacao.................... 2 —
Pour un suppositoire ; un ou deux par jour.

Paquets :

℞ Poudre de Dower........ .... 0 gr. 10
Kermès............................ 0 — 02
Soufre............................ 0 — 20
Réglisse en poudre................. 0 — 40
M. pour un paquet; deux paquets par jour dans de la tisane.

MÉDICATION HYPNOTIQUE

Hydrate de chloral. — Opium (avec prudence). — Morphine. — Bromures. — Chloroforme. — Belladone. — Eau de fleurs d'oranger. — Tilleul.

Mélange (bromidia) :

℞ Bromure de potassium..............} âà 6 gr.
Chloral (hydrate de)..................}

Extrait de cannabis indica............} âà 0 — 05
  — de jusquiame................}
Eau .... Q. s. pour 32 gr.

X à XX gouttes à l'enfant dans une cuillerée de sirop ou d'eau sucrée

Suppositoire :

℞ Hydrate de chloral.................... 0 gr. 20
Extrait de belladone................. 0 — 05
Beurre de cacao..................... 2 —
    Pour un suppositoire.

Potion :

℞ Uréthane........................... 0 gr. 20
Eau de tilleul........................}
  — de fleur d'oranger..............} âà 20 —
Sirop de morphine.................. 5 gr.
  — simple .... 20 —
    En 24 heures.

Potion :

℞ Sirop de belladone..................}
  — de morphine...................} âà 10 gr.
Bromure de sodium................. 2 —
Hydrate de chloral.................. 0 — 20
Eau de fleur d'oranger......... Q. s. pour 110 cc.

M. pour une cuillerée à café toutes les heures

Lavement :

℞ Bromure de potassium............... 1 gr.
Eau de laurier-cerise.................. 3 —
Teinture de belladone................ deux gouttes.
Eau bouillie......................... 150 gr.

A donner en une fois.

Paquets :

℞ Trional.............................. 0 gr. 20

Pour un paquet ; dans du miel ou en infusion chaude.

MEDICATION ANTISPASMODIQUE

Eau de laurier-cerise. — Bromoforme. — Aconit. — Musc.

Mélange :

℞ Teinture de belladone.................⎫
   Alcoolature racine d'aconit.............⎬ àâ 5 gr.

Dix, vingt ou trente gouttes 4 ou 5 fois par jour suivant l'âge, dans du lait ou de l'eau sucrée.

Paquets :

℞ Poudre de racine de belladone......... 0 gr. 05
  Sucre pulvérisé...................... 0 — 25

Pour un paquet ; 2 à 8 par jour, suivant l'âge, dans de la tisane.

Potion :

℞ Eau bromoformée saturée.............. 100 gr.
  Musc .... 0 — 20
  Gomme arabique...................... 5 —
  Eau de laurier-cerise................. 5 —
  Sirop de tolu........................ 50 —

Par cuillerée à café toutes les heures, ou toutes les deux heures, suivant l'âge.

Potion :

℞ Teinture de belladone.................... XX gouttes.
   Sirop de fleurs d'oranger................ 10 gr.
     — de codéine........................ 60 —
   Eau distillée............................ 10 —

F. s. a. ; une cuillerée à café toutes les deux ou trois heures, suivant l'âge.

Potion :

℞ Bromure de potassium................ 2 gr.
   Sirop de codéine.....................⎫
     — de belladone...................⎬ ââ 30 —
   Eau de fleurs d'oranger.......... Q. s. pour 90

Une cuillerée à café matin et soir, à trois ans ; trois cuillerées à café par jour au-dessus de cet âge.

Suppositoire :

℞ Extrait de belladone.................. 0 gr. 05
   Beurre de cacao...................... 2 —

Liniment :

℞ Huile d'olives........................ 30 gr.
   Extrait de belladone................ 4 —

N. — Nous avons à dessein multiplié les formules où figure la belladone ; ses applications sont très variées en médecine infantile, car c'est un des médicaments que les jeunes sujets supportent le mieux.

APPENDICE

Parvenu au terme de cet ouvrage, le lecteur aura
parcouru les voies essentielles de l' «Art de formuler»:
aux grandes routes aboutissent les chemins de tra-
verse qu'il est bon de prendre, en esprit de curieux,
pour découvrir le pays moins exploré. C'est le désir
de se perfectionner et d'aller plus avant qui engage à
ces pérégrinations. Un livre élémentaire s'interdit de
trop longues dissertations et son champ d'action est
forcément limité. Notre désir, nous l'avons répété
bien des fois, sans craindre le reproche de satiété,
était de former nos jeunes confrères au maniement
simple et pratique de l'ordonnance ; nous espérons

18

avoir atteint notre but. Cependant, quelques-uns de
nos confrères expérimentés nous ont fait le reproche
de ne pas avoir parlé de certaines questions, qui inté-
ressent le praticien, au lit du malade, et dont l'étude,
même sommaire, complète son éducation professionnelle. Ces reproches ont fait naître cet appendice.

* * *

L'ordonnance médicale qui prescrit une potion, des
pilules ou des cachets, doit avoir parfois un complément emprunté à des moyens d'intervention étrangers
à la matière médicale : tels l'hydrothérapie avec ses
diverses applications, la cure hydro-minérale, le
massage, le sanatorium. Les médecins, en général,
négligent de prescrire sur leur ordonnance la façon
dont une douche sera donnée à l'établissement, la
manière dont le masseur devra intervenir, le mode
d'électricité qui convient dans un cas déterminé. Nous
croyons qu'il y a là une omission regrettable et, sans
entrer dans les détails trop minutieux d'une technique
spécialisée, nous pouvons encore supposer rendre de
réels services en traçant les grands principes des
médications auxiliaires.

Ajoutez encore l'expérience individuelle qu'il faut
acquérir : elle est la seule cause des succès personnels
dans l'exercice de la profession : tel médecin, avec
les mêmes moyens d'intervention que son voisin,
obtiendra des résultats plus brillants, parce qu'il aura

su tirer meilleur parti des armes qui se trouvaient entre ses mains. Qu'on me permette de prendre un exemple, qui indiquera mieux ma pensée Un malade se présente avec une dysenterie rebelle, datant de plusieurs jours, déjà soignée par un confrère : le patient se plaint, autant des symptômes douloureux que de l'insuccès de la médication employée. Vous vous informez du genre d'intervention appliqué : on vous répond que les purgatifs, l'opium, l'ipéca à la mode brésilienne ont été absorbés en vain, sans modification appréciable, sans mieux sensible. Qu'allez-vous faire ? Vous en tenir là dans votre interrogatoire du malade ? Passer à une autre méthode thérapeutique ? Ce serait une grosse faute professionnelle. Poussez plus loin votre investigation : informez-vous minutieusement des divers détails du traitement prescrit (par vous ou un autre, peu importe) assurez-vous si l'ordonnance a été rigoureusement suivie, méfiez-vous de la tendance, commune et générale, d'accuser l'inefficacité des médicaments.

Le seul coupable est souvent le médecin qui n'a pas su tirer tout le parti nécessaire des substances thérapeutiques. Votre dysentérique a pris des purgatifs, de l'ipéca, de l'opium ? à quelles doses ? pendant combien de jours ? Songez que l'accoutumance, au bout de quelque temps, permet d'élever les proportions habi_ tuelles des substances actives: 10 ou 15 centigrammes d'extrait d'opium n'ont pas suffi, allez jusqu'à 20 centigrammes. Vous êtes, de plus, intervenu à l'aide du calomel, à titre de purgatif et d'antiseptique intestinal : prudemment, la première fois, vous vous êtes arrêtés à la dose de 0 gr. 70 ou 0 gr. 80 : allez plus avant, et aussitôt ordonnez 1 gr. ou 1 gr. 20. De même pour l'ipéca. Vous serez alors très heureux de constater que les moyens d'intervention thérapeutique étaient bons, mais insuffisantes les doses.

Je pourrais multiplier et varier mes exemples et vous parler des insuccès de l'antipyrine, des sels de quinine, des bromures, des iodures, de l'ergotine, de la digitale et des résultats inespérés de ces mêmes agents maniés habilement, par des praticiens rompus aux difficultés comme aux finesses de leur art, et surtout sachant observer et suivre leur malade dans ses réactions personnelles aux médicaments.

Est-ce à dire que de parti pris et d'emblée auprès d'un malade il faille débuter par des doses fortes pour obtenir le résultat recherché ? que non pas. Je conseille aux débutants, bien au contraire, une conduite beaucoup plus sage ; dans un cas déterminé, il faut toujours faire le choix d'une substance d'élection, tâter la susceptibilité du malade et quand le médicament est bien toléré, si le résultat thérapeutique normal et habituel n'est pas obtenu, ne pas hésiter alors à dépasser les doses communément indiquées dans les livres. Entre les *doses moyennes*, inscrites un peu partout, et la *dose toxique*, se trouve encore place pour une *dose forte*, *utile*. C'est dans ce sens que l'expérience personnelle doit être fortifiée, c'est vers cet ordre d'idées que le praticien doit orienter ces méditations, il parviendra bientôt à une maîtrise de soi-même, qui s'accroîtra avec les succès remportés et la satisfaction due à la pleine possession des moyens d'intervention thérapeutique. C'est une éducation qu'il est difficile d'acquérir dans un livre et la lecture de ce chapitre ne suffira certes pas : ceci n'est qu'un programme d'études, une école d'application et de perfectionnement, dont les meilleurs maîtres seront l'exercice de chaque jour, et l'observation clinique ininterrompue.

Toutefois, il me semble utile de préciser ma pensée, pour quelques-uns des principaux médicaments de la pratique courante, d'après les données de la récente édition du Codex (1908) :

MÉDICAMENTS	DOSES MOYENNES (pro die)	DOSES FORTES (pro die)
Aconit { Alcoolature de racine . .	0gr05	0gr10
Aconit { Aconitine cristallisée . .	0gr002	0gr005
Antipyrine	4gr	8gr
Atropine	1/2 milligr.	1 milligr.
Atropine (Sulfate)	1 milligr.	2 milligr.
Belladone . . { Teint. alcoolique..	XL à L gouttes	4gr
Belladone . . { Extrait	0gr05	0gr15
Bromure	4 à 8gr	12gr et plus.
Caféine	0gr25 à 1gr	2gr
Calomel	0gr10 à 0gr80	1gr
Chloral	1 à 4gr	10 à 12gr
Créosote	0gr50 à 1gr	1gr50

MÉDICAMENTS —		DOSES MOYENNES (pro die)	DOSES FORTES (pro die)
Digitale .... {	Teint. alcoolique.	LX à LXXX g.	5gr
	Poudre de feuilles	0gr50 à 0gr80	1gr
Ergot de seigle (extrait aqueux).		0gr50 à 3gr	6gr
Iodure..........................		2gr à 6gr	8 à 12gr
Ipéca (poudre)		0gr20 à 1gr	2gr
— — opiacée........ ..		1gr	4gr
Mercuriaux. {	Protoiodure de Hg	0gr01 à 0gr10	0gr20
	Biiodure de —	0gr005 à 0gr025	0gr08
Noix vomique (teinture)........		1 à 2gr	5gr
Opium ..... {	Extrait d'opium..	0gr05 à 0gr15	0gr30
	Laudanum.......	2gr	6gr (250 gouttes)
Quinine................		1 à 2gr	2 à 3gr
Salicylate de soude...........		4 à 6gr	12gr
Salol........		1 à 4gr	6 à 8gr

Il est bien évident que la condition essentielle de
l'administration des doses fortes est la possibilité de
la surveillance rigoureuse du malade par le médecin
lui-même, ou par des auxiliaires professionnels expérimentés. Il faut déjà avoir tâté sa susceptibilité,
prendre en considération sa résistance personnelle et
son état actuel de surexcitation et de faiblesse : il est
indispensable d'avoir déjà obtenu une accoutumance
préalable, une sorte de *mithridatisation* thérapeutique. Enfin il faut s'assurer soi-même *que le rein
fonctionne bien*, si on ne veut pas s'exposer aux redoutables symptômes de l'empoisonnement par accumu-
lation des médicaments toxiques dans l'organisme,
privé de son principal et de son plus fidèle émonc-
toire.

Ces diverses considérations sont surtout importantes en médecine infantile ou une habileté de prescription et une application d'esprit remarquables sont nécessaires de la part du médecin.

Les chiffres du tableau classique de Gaubius (1) peuvent dans ce sens subir des modifications importantes. Les enfants, comme nous avons eu également l'occasion de le dire (2), supportent, relativement mieux que les adultes les doses élevées de calomel : aussi pourra-t-on obtenir souvent d'excellents effets grâce à une intervention énergique.

*
* *

Nous ne pouvons nous étendre davantage et nous sommes forcés d'abréger le développement de notre idée sur les *doses moyennes et fortes :* le praticien pourra d'ailleurs très facilement, par des recherches personnelles, dans les ouvrages classiques compléter ces données élémentaires. Nous nous proposons de passer rapidement en revue les médicaments auxiliaires de la thérapeutique courante : l'hydrothérapie, les cures hydro-minérales, l'électricité, le massage, etc., etc.

L'action de l'hydrothérapie est à la fois prophylac-

(1) Voir *Art pratique de formuler chez les enfants*, p. 229 et seq.

(2) Voir *Ibid.*, p. 222 et seq.

tique et thérapeutique : tonique et stimulante, elle est la plus précieuse ressource en cas d'épidémie ; elle entretien si bien l'organisme dans un état de fonctionnement régulier général, elle le place dans un état de bien-être physique et psychique tel, qu'elle lui permet de repousser, souvent avec avantage, toute attaque de germe infectieux. Certes, l'hydrothérapie n'est pas une panacée ou un remède infaillible : elle ne nous donne pas la certitude d'échapper à la maladie, mais elle nous donne d'excellentes chances de l'éviter. L'expérience a prouvé les bons effets de la douche quotidienne pour se mettre à l'abri des attaques de grippe ou d'influenza. L'hydrothérapie montre des ressources merveilleuses dans tous les cas où il est nécessaire de relever l'état général, de soutenir l'organisme et de lui assurer, à défaut de ressort naturel, des moyens factices pour prolonger la lutte, seul espoir de la vie (infection générale avec hyperthermie).

L'hydrothérapie est une médication très complexe, dont il faut parfaitement connaitre les ressources et la méthode si on ne veut pas s'exposer aux pires déboires. Les indications sont formelles, il est indispensable d'avoir bien étudié l'action physiologique et thérapeutique de chaque mode de douche ou de bains. Dans les villes importantes, où il existe de grands établissements spéciaux, dirigés par des médecins qui font de cette branche thérapeutique l'objet de leurs études quotidiennes, le praticien peut ordonner l'hydrothérapie sans se préoccuper de la façon dont les douches seront administrées, très persuadé que son client sera bien soigné par son confrère spécialiste. Toutefois, il est préférable que tout médecin sache bien quel genre de douches il doit indiquer à son malade, suivant la maladie ou la complication qu'il présente.

L'hydrothérapie, on le sait, emploie la chaleur comme le froid, sous forme de bains chauds ou d'étuves, sous forme d'immersions ou de douches froides.

La sudation s'obtient par le maillot sec, le maillot humide, les étuves sèches, les étuves humides, bain russe, étuves limitées, bain par encaissements, douche de vapeur, étuve à la lampe, bain turc ou maure (hammam). Le calorique s'applique encore sous les espèces de bain et piscines chaudes, douches chaudes, douches écossaises et alternatives, douches tempérées ou tièdes.

Quelle que soit la forme qu'on emploie, la chaleur produit toujours un plus ou moins violent degré de sudation ; la chaleur active la transpiration ; elle amplifie les mouvements respiratoires qu'elle rend plus profonds et plus rapides : elle accélère les battements du cœur et la vitesse du pouls ; elle donne au système musculaire une puissance plus grande. Les indications de l'hydrothérapie chaude sont très nombreuses ; d'une façon générale, on sera autorisé à l'employer chez les malades qui doivent être traités au début avec ménagement et qu'il faut habituer à l'action plus énergique et plus bienfaisante de l'eau froide ; avec l'eau chaude, ou les étuves, on peut produire sur l'organisme des effets excitants et calmants, révulsifs ou résolutifs : c'est une question de doigté, que le seul médecin peut acquérir par la pratique des divers procédés employés.

Aux nerveux, neurasthéniques, hystériques, épileptiques même, prescrivez la douche chaude en pluie de 40 ou 50 secondes, avec bonnet en caoutchouc sur la tête ; pour finir, jet froid sur les jambes. A ces malades, recommandez, à défaut de douches, le bain tiède prolongé (une demi-heure ou trois quarts d'heure) excessivement calmant et sédatif, à prescrire même le soir contre l'insomnie des enfants ou des adultes, contre les crises douloureuses de la lithiase rénale ou hépatique, contre les douleurs du tabès, etc., etc.

Les deux types essentiels de l'intervention par l'eau froide sont l'immersion et la douche : divers éléments jouent un rôle important dans cette sorte d'intervention. Le bain ou la douche ont des effets différents suivant la température de l'eau, la durée de l'application, la plus ou moins grande force de projection de l'eau. Les divers procédés d'hydrothérapie froide sont : la piscine, les bains généraux ou partiels, demi-bain, bain de siège, friction avec le drap mouillé, enveloppements complets dans le drap mouillé, compresses sédatives ou antiphlogistiques, irrigation continue, compresses excitantes, ablutions, lotions, frictions ; les douches : douches générales, douches mobiles, douches fixes en pluie, en lames concentriques, en cloche, en nappe, en cercle ; douches localisées sur la tête, la nuque, les épaules, la colonne vertébrale, sur le thorax, les lombes, le sternum, l'épigastre, l'abdomen, le foie, la rate, l'hypogastre.

Si le malade est trop déprimé ou trop pusillanime pour supporter immédiatement la douche froide, on peut faire précéder celle-ci d'une douche chaude très courte qui redonne à l'organisme assez de chaleur pour supporter la réaction froide. Aux congestions du foie, de la rate, du rein, opposez les douches localisées sur ces viscères, suivies d'une douche générale courte ; aux cachectiques, déprimés, affaiblis, la douche froide en pluie avec jet sur la colonne vertébrale et sur les pieds, réussit très bien ; la douche excitante et reconstituante doit plutôt être courte, froide (15 à 18°) à forte pression. La douche à l'établissement est la seule vraiment médicale : celle prise à domicile ressortit plutôt à l'hygiène et aux soins journaliers de propreté (tub, bain, lotions, frictions).

Aux neprasthéniques surexcitables et affaiblis, on administre la douche tiède suivie de douche froide : douche tiède calmante, douche froide tonique. Suivant qu'un des deux symptômes prédomine, on allonge la durée de la douche froide ou de la douche chaude. Pour les hystériques très surexcités, on aura recours au bain, à la douche tiède, à la piscine, procédés calmants par excellence.

Pour relever les forces, il faut s'adresser à la douche froide et courte, mais il faut proportionner la température de l'eau et la durée de la douche à la résistance personnelle du malade.

Nous n'insisterons pas sur la balnéation froide, suivant la méthode de Brand, que tout praticien ou étudiant connaît parfaitement pour l'avoir vu employer couramment dans les hôpitaux.

Nous dirons seulement que la majeure partie des praticiens emploient le bain à 25°, ramené pendant l'immersion du malade à 18° (fièvre typhoïde, fièvres éruptives, typhus exanthématique, pneumonie, paludisme, etc., etc.). La durée du bain est de 10 à 15 minutes ; il faut attendre la production du frisson : ablution d'eau froide sur la tête pendant la durée du bain. Au sortir de la baignoire, enveloppement du patient tout mouillé dans une couverture de laine et administration d'une tisane chaude, légèrement alcoolisée ; durée de la réaction, dix ou quinze minutes.

*
* *

Un des plus fréquents embarras des jeunes médecins consiste à indiquer à un malade le genre de cure hydrominéral qui lui convient :

Dans certains hôpitaux, les chefs de service prescrivent volontiers avec quelques détails le mode d'intervention hydrothérapique à appliquer à un convalescent, mais jamais on n'agite la question d'un traitement dans une station thermale : à peine quelquefois prescrit-on de l'eau de Vichy, d'Evian, de Vittel, de Vals, etc., etc.

Le débutant se trouve donc souvent pris au dépourvu, et bien des fois le public surprend (effet désastreux !) l'ignorance du médecin : il est donc de toute nécessité que nous sachions, dès nos premières approches avec la clientèle, les principales indications des eaux minérales les plus connues.

Une classification sommaire des eaux minérales avec les indications thérapeutiques fixe les idées et rend des services :

NATURE DES EAUX	PRINCIPALES EAUX MINÉRALES DE CETTE CLASSE	LEUR INDICATION THÉRAPEUTIQUE
I. Sulfurées calciques	Cauterets (30 à 50°). Eaux-Bonnes (30 à 35°). Luchon. Aix. Amélie-les-Bains. Le Vernet. Enghien. Pierrefonds. St-Honoré. Uriage. Allevard.	Rhumatismes, scrofules, syphilis constitutionnelle, voies respiratoires, maladies de la peau.
II. Chlorurées sodiques	Salies-de-Béarn. Salins. Salins-Moutier. Balaruc. Bourbonne-les-Bains. Kreuznach. Wiesbaden.	Reconstituantes, diurétiques, purgatives (les sodiques). Débilité générale, rhumatismes, névroses, affections gastro-intestinales. Fibromes utér.
III. Bicarbonatées calciques et sodiques.	Vals. Vichy. Evian. Appolinaris. Condillac. Lamalou. Pougues. Couzan. St-Alban. Saint-Galmier. Royat. Ems. Carlsbad.	Maladies du foie, des intestins, gravelle urique, goutte, rhumatisme.

NATURE DES EAUX	PRINCIPALES EAUX MINÉRALES DE CETTE CLASSE	LEUR INDICATION THÉRAPEUTIQUE
IV. Sulfatées calciques sodiques et magnésiennes.	Sedlitz. Pullna. Birmenstorff. Hunyadi-Janos. Rubinat. Carabana. Châtel-Guyon. Montmirail.	Purgatives ou laxatives : affections du foie, des intestins : pléthore, congestion cérébrale, névroses.
V. Ferrugineuses.	Pougues. Bussang. Forges-les-Eaux. Orezza. Luxeuil. S¹-Moritz. S¹-Cristau. Auteuil. Passy. Spa. Rennes-les-Bains.	Chloro-anémie. lymphatisme, atonie digestive.
VI. Arsénicales.	La Bourboule. Le Mont-Dore. Vichy. (grande grille). Vals (Dominique). Royat. Hammam - Meskou-tine. Traces d'arsenic dans les eaux de Plombières, Royat, Lamalou.	Altérants : maladies de la peau, des voies pulmonaires, scrofules.

Ce tableau pourra être consulté avec fruit et rapidement mettre au courant le praticien embarrassé qui, pour complément, dressera lui-même, pour son usage personnel, une table inverse avec maladies et principales eaux minérales qui leur conviennent.

Certaines stations minérales importantes possèdent plusieurs « sources » dont la composition et les indications diffèrent quelque peu. Nous allons brièvement passer en revue les principales d'entre elles.

VICHY (Allier). — *Puits-Chomel, Lucas, Hôpital*, bicarbonate de soude.

Puits-Lardy, Mesdames, ferrugineuses.

Affections de l'estomac, Hôpital (43°,60).
Affections du foie, Grande-Grille (42°,50).
Goutte, gravelle, Célestins (15°,10).
Chlorose, débilité, Puits-Lardy, Mesdames.
Affections des organes respiratoires : Puits-Chomel (43°,60).

EVIAN (Haute-Savoie). — Eaux froides, 11 à 12°. *Bicarbonatées mixtes*, 0.394 de bicarbonates. — Deux établissements de bains remarquablement installés : Hydrothérapie complète. — Installation électrique de premier ordre.
Source Cachat : Bains et buvette.
L'embouteillage est à Evian l'objet des soins les plus minutieux et les plus modernes.
Indications : Affections calculaires, maladies de l'estomac et des intestins.

VALS (Ardèche). — *Madeleine.* La plus riche en bicarbonate de soude, légèrement ferrugïneuse.
Précieuse, Désirée, Saint-Jean, bicarbonate de chaux et magnésie.
Dominique, fer et arsenic.
Affections de l'estomac, Madeleine, Saint-Jean.
Affections des voies urinaires, Précieuse, Désirée.
Chlorose, scrofule.
Herpétisme : Dominique.

VITTEL (Vosges). — *Grande source.* Gravelle, lithiase rénale.

Source salée. Constipation. Affections des voies digestives.

LE MONT-DORE (Puy-de-Dôme). — *Sainte-Marguerite,* froide, acidulée, gazeuse, employée comme eau de table.

Madeleine, Bardon, Ramond, César et Caroline, bicarbonatées sodiques et calciques, arsenicales et ferrugineuses.

Indications : Affections des voies respiratoires chez les arthritiques, asthme, bronchite, emphysème, asthme infantile, laryngites, pharyngites, anémie.

LA BOURBOULE (Puy-de-Dôme). — *Source Choussy-Perrière,* la plus employée, chlorurée, bicarbonatée sodique, arsenicale. Employée à la cure interne et externe.

Indications : Scrofule, lymphatisme, anémie, diabète, tuberculose, affections de la peau, adénopathie trachéo-bronchique.

ROYAT (Puy-de-Dôme). — *Source Saint-Mart* (acide carbonique, libre 1 gr. 709), *Saint-Victor* (arsenicale), *Saint-Eugénie* et *César,* alcalines.

Indications : Surtout les arthritiques anémiques, diabète, albuminurie. Affections gastro-intestinales (atonie, hyperchlorhydrie diathésique), voies respiratoires, catarrhe ou asthme.

LA MALOU (Hérault). — Groupe alcalin, *Usclade, La Vernière, Petit Vichy.* Groupe ferrugineux et arsenical, *Capus, Souverain, Bourges, La Mine.*

Indications : Affections de la moelle (principalement) : Neurasthénie. Affections médullaires syphilitiques. Epuisement.

Aix (Savoie). — *Source d'alun, source de soufre,*
toutes les deux thermales. Diathèse rhumatismale.
Affections syphilitiques. Blennorrhées. Leucor-
rhées. Affections de la peau.

Eaux-Bonnes (Basses-Pyrénées). — Source Vieille.
Chaude sulfurée sodique. Inflammations catarrhales
des voies respiratoires. Emphysème. Pleurésie
sèche, tuberculose, pneumonie.

* *
*

Nous ne ferons qu'effleurer la question de l'électrothérapie qui constitue, comme on le sait, une des
spécialisations médicales les plus importantes. Le
praticien n'a en général à sa disposition qu'une instrumentation sommaire et peu coûteuse. Nous supposerons qu'il a sous la main un des appareils de
Gaiffe, Trouvé et Chardin (électricité galvanique,
piles à courants continus), et un appareil à chariot
(électricité volta-faradique, courants interrompus).

Avec ces deux appareils le praticien pourra répondre
aux indications suivantes :

Galvanisation (courants continus) : affection organique du système nerveux, atrophies, affections vési-
cales, gastralgies, dyspepsies, constipation, obstruc-
tion, troubles des organes génito-urinaires ;

19

Faradisation (courants interrompus) : névralgies, rhumatismes, arthrites, affections utérines, etc.

Nous renvoyons pour une étude plus détaillée aux traités spéciaux.

* * *

Plus utiles seront aux praticiens les détails de la technique du massage dont les indications deviennent aujourd'hui de plus en plus nombreuses.

Le massage est l'ensemble de manipulations pratiquées avec les mains nues ou armées d'instruments spéciaux, dans un but hygiénique ou thérapeutique.

Au point de vue de l'hygiène générale, on a recours surtout aux frictions, aux mouvements articulaires plus ou moins étendus. Ces pratiques sont principale_ment répandues en Orient : dans les hammams, en Turquie ou en Afrique, des nègres ou des indigènes procèdent à ce genre de massage à la sortie de l'étuve, quand on a passé par la piscine ou la lotion froide : c'est un précieux reconstituant, facilitant puissamment la circulation, combattant la constipation dans des pays où les stases sanguines cérébrales et viscérales sont si fréquentes.

En médecine, on classe habituellement, de la façon suivante, les divers modes de massage.

A. — *Frictions simples :* rectiligne, spirale, concentriques et excentriques.

B. — *Frictions fortes :* ou massage proprement dit.

C. — *Malaxation ou pétrissage :* froissement, pincement, foulage, sciage.

D. — *Percussions :* tractions, claquements, pointillages.

Dujardin-Beaumetz indique les diverses manœuvres auxquelles le médecin peut avoir recours :

« *Effleurage :* Passes légères pratiquées avec les paumes des mains passées à plat sur les parties à masser, de manière à s'y adapter exactement, avec l'extrémité des pouces ou des quatre doigts, ou encore sur la face dorsale des phalanges, poings fermés.

« *Massage à frictions.* — Une main pratique des frictions circulaires énergiques avec les extrémités digitales, tandis que l'autre main exerce des frictions centripètes. Cette manœuvre exige une alternance dans les mouvements des deux mains qui doivent être exactement rythmés.

« *Pétrissage :* Consiste à pressurer, comprimer, écraser le tissu, saisir dans une seule main ou dans les deux, *comme* si on voulait exprimer une éponge qui s'imbiberait sans cesse.

« *Tapotement :* se pratique avec la face palmaire de la main (claquement), son bord cubital (traction) avec un ou plusieurs doigts (pointillement) ».

Quelques instruments spéciaux peuvent aussi aider l'action du massage et remplacer l'action directe de la main : cependant, celle-ci est toujours préférable et le praticien ne doit pas s'embarrasser d'un arsenal coûteux et encombrant. Les mains, pour obtenir le maximum de souplesse et de glissement, doivent être enduites d'un corps gras : vaseline, huile antiseptique, glycérine, etc., etc., ou de talc. Pour obtenir des effets rapides et sûrs avec le massage, il est préférable que le médecin le pratique lui même : dans cette occurrence les connaissances d'anatomie et de physiologie lui seront précieuses et le protègeront des fautes grossières souvent commises par des personnes étrangères à notre profession.

Il faut éviter d'employer la vigueur et la force ; les principales qualités du bon masseur sont l'adresse, la souplesse, l'habitude des pratiques employées. Les séances ne doivent pas dépasser 5 ou 10 minutes.

Voici les principales indications du massage :

En chirurgie : entorses, foulures, raideurs articulaires, paralysies, atrophies, déviations.

En médecine : Névralgies sciatiques, intercostales, faciales ; migraine ; névrose, chorée, nervosisme, hystérie ; constipation, dilatation de l'estomac, affection cardiaque, œdème, etc., etc.

* *

Nous en aurons terminé avec ces médications auxiliaires quand nous aurons parlé de la *kinésithérapie* : on a donné ce nom à l'application de la gymnastique au traitement des maladies. On a recours à cet ensemble d'exercices qui ont pour but de régler les mouvements du corps et de développer certains muscles pour mieux assurer le fonctionnement des organes.

Je distinguerai deux grandes classes d'exercices gymnastiques :

Les uns sont pris dans le gymnase ;

Les autres en chambre, chez soi.

A. — Les exercices de gymnastique nécessitent des appareils compliqués : trapèzes, barres fixes, barres parallèles, échelles, etc. Bien compris et surveillé, ce sport favorise la circulation générale, excite la nutrition et les échanges divers, rend la secrétion plus abondante.

B. — Les exercices de chambre consistent en différents mouvements combinés avec ou sans traction et sans le secours d'aucun appareil (procédés de gymnastique suédoise, méthode de Ling) : pratique de l'opposant ou des mouvements passifs : ils consistent surtout en flexion latérale ou antéro-postérieure du tronc, flexion et extension rythmées des membres ; exercices respiratoires à l'aide des barres passées derrière le tronc ou attitudes diverses emplissant la cage thoracique. On emploie ces diverses méthodes chez les enfants et les adultes. Ils trouvent leurs indications principales dans :

Affections gastro-intestinales. — Constipation, dyspepsie, dilatations de l'estomac.

Affections respiratoires. — Faiblesse et étroitesse de la poitrine, asthme. Emphysème, prophylaxie de la tuberculose

Affections de l'appareil circulatoire. — Ascension

méthodique dans les affections du cœur ; cure du plan incliné, mouvements dans la chlorose et l'anémie.

Affections du système musculaire. — Atrophie, contraction, paralysie.

Affections du système osseux. — Scoliose, lordose, cyphose.

Affections du système nerveux. — Chorée, neurasthénie, hystérie.

Affections de la nutrition. — Obésité, goutte, diabète.

Il nous a semblé utile d'ajouter à cet appendice quelques notions de traitement par la cure d'air, employé généralement contre la tuberculose, dans les sanatoria établissements et dans les sanatoria dits de *fortune*.

En effet, depuis quelque temps, on s'est beaucoup occupé des installations sommaires pour les malades dont la situation de fortune n'autorisait pas les grosses dépenses nécessaires pour le séjour dans les établissements spéciaux. Avec ingéniosité bien des médecins se sont avisés, un peu partout, de découvrir les façons pratiques d'assurer aux phtisiques le repos, le grand air et la suralimentation, et ils sont parvenus à leur donner ce mode de traitement très satisfaisant, sans gros sacrifices d'argent et souvent tout au milieu de leurs parents.

Ainsi, des infortunés impropres à bénéficier des avantages que procurent l'aisance et une situation sociale élevée, étaient ou abandonnés discrètement par le médecin ou voués aux hasards d'une thérapeutique outrancière, aussi variée que dangereuse, et on ne songeait pas à les guérir par la cure d'air.

Il faut que le praticien le plus humble sache que cette *cure d'air est à sa portée et qu'elle est possible presque partout.* Voilà pourquoi nous avons cru utile de développer quelque peu ce sujet : c'est encore l'*art pratique de formuler un traitement.*

Dans la clientèle privée, il est relativement aisé d'obtenir dans presque toutes les conditions sociales le séjour à la campagne ; la maison la plus modeste est apte à se transformer et à prendre une destination médicale. Choisissant une bonne orientation, à l'abri du soleil et des vents dominants, on organise la cure d'air et de repos : à cela suffisent un banc, une chaise en osier, un siège rustique sur lequel s'assied le malade, chaudement vêtu, les jambes protégées par des couvertures ; ainsi étendu, il passera deux ou trois heures la matinée, autant l'après-midi, sans préjudice d'une station d'une heure, même après le souper. Les variations de température trop brusques le laissent peut-être quelquefois à la chambre, mais pour cela point n'est besoin de donner des règles précises, il faut laisser les décisions de cet ordre à l'initiative de chaque médecin dirigeant une cure de ce genre et prenant à tâche régulière et constante de surveiller le malade.

Avec des mesures prophylactiques sévères et rigoureuses, le tuberculeux diminue le péril de sa présence pour son entourage : qu'il ne crache pas à terre, qu'il vive seul dans une chambre médicalement aménagée, qu'il soit soigneux de lui-même, et il pourra, sans semer la mort autour de lui, vivre de l'existence familiale, participer aux plaisirs de tous, ne pas être, en un mot, un numéro dans une grande caserne antituberculeuse, Ainsi se trouve réalisé le *sanatorium de fortune* que tout praticien doit être apte à combiner et à établir pour ses malades les plus pauvres.

Je puis arriver à cette double proposition :

La cure de la tuberculose dans le sanatorium établissement n'est pas irremplaçable ; le home sanatorium est presque toujours possible à titre de succédané.

*
* *

Conclusion. — Nous avons très imparfaitement traité, nous en sommes convaincu, des questions importantes qu'il ne nous a été possible que d'esquisser seulement. Notre but était simplement d'en donner aux débutants les premiers éléments pour que le goût leur vienne de les mieux approfondir dans la pratique. *En forgeant on devient forgeron :* le jeune médecin, avec des notions élémentaires, trouve une réelle satisfaction dans l'exercice de son art ; nous lui aurons donc rendu service en l'engageant à se préoccuper des *méthodes thérapeutiques auxiliaires.*

TABLE DES MATIÈRES

CHAPITRE PREMIER

LA VALEUR MORALE DE L'ORDONNANCE

SOMMAIRE. — Savoir faire naître la confiance. — La chose
dite et la chose écrite. — L'art d'écouter son malade.
— La rédaction de l'ordonnance. — L'autorité du médecin. — On ne ménagera pas les explications. —
Soyez convaincu vous-même. — La prescription est
un tout auquel il ne faut pas toucher. — Montrez-vous

CHAPITRE II

DE QUOI SE COMPOSE UNE FORMULE

SOMMAIRE. — La substance active. — L'adjuvant. — Le
véhicule. — Se préoccuper de la solubilité. — Le correctif. — Le mode d'emploi. — Eviter les incompatibilités. — Du choix des adjuvants. — La variété du
véhicule. — Triple moyen pour concourir au même

Pages

CHAPITRE III

CLASSIFICATION DES MÉDICAMENTS POUR APPRENDRE A FORMULER

CHAPITRE IV

DES INCOMPATIBILITÉS

CHAPITRE V

DE LA SOLUBILITÉ

Saint-Brieuc. — Typ. F. GUYON.